Student Activities Manual

ENHANCED TENTH EDITION

Deutsch heute

Workbook

Laboratory Manual

Video Manual

Self-Tests

Jack Moeller
Oakland University

Simone Berger
Starnberg, Germany

CENGAGE
Learning·

Australia • Brazil • Japan • Korea • Mexico • Singapore • Spain • United Kingdom • United States

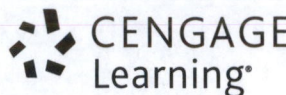

For product information and technology assistance, contact us at **Cengage Learning Customer & Sales Support, 1-800-354-9706**

For permission to use material from this text or product, submit all requests online at **www.cengage.com/permissions** Further permissions questions can be emailed to **permissionrequest@cengage.com**

ISBN-13: 978-1-305-07878-9

ISBN-10: 1-305-07878-0

Cengage Learning
20 Channel Center Street
Boston, MA 02210
USA

Cengage Learning is a leading provider of customized learning solutions with office locations around the globe, including Singapore, the United Kingdom, Australia, Mexico, Brazil, and Japan. Locate your local office at: **www.cengage.com/global**

Cengage Learning products are represented in Canada by Nelson Education, Ltd.

Purchase any of our products at your local college store or at our preferred online store **www.cengagebrain.com**

Printed in the United States of America
Print Number: 01   Print Year: 2014

Contents

Introduction

The *Student Activities Manual* to accompany **Deutsch heute, Enhanced Tenth Edition,** is designed to help you improve your reading and writing skills, reinforce your listening comprehension skills, and enhance your cognition of grammatical features of German. The *Student Activities Manual* consists of four components:

1. Workbook
2. Lab Manual
3. Video Manual
4. Self-Tests including Answer Key

Workbook

The Workbook provides guided practice in writing German. Exercises include completing dialogues or sentences, rewriting sentences, answering questions, building sentences or paragraphs from guidelines, and creating short compositions. Some exercises encourage you to express your own moods, opinions, and ideas and to speculate on what you would do in a particular situation. Other exercises are based on line art and realia, including maps, photos, ads, and charts; some activities offer extra reading practice and new cultural information. Vocabulary sophistication is developed by exercises that require you to supply synonyms, antonyms, or definitions, or to form new words with suffixes and prefixes. In general the exercises are based upon a situation that presents the language in a realistic and natural context. Many of the situations involve the characters you have become familiar with in the textbook. Answer Keys to the exercises in the Workbook are provided at your instructor's discretion.

Lab Manual

The Lab Manual contains material that is coordinated with the SAM Audio Program. The Lab Manual is divided into three sections:

1. Übungen zum Hörverständnis
2. Übungen zur Aussprache
3. Mündliche Übungen

The **Übungen zum Hörverständnis** are based on dialogues or short passages, as well as on the reading in the **Zum Lesen** section of each chapter of the textbook. (Downloadable MP3 files of the recorded readings are available through the Premium Website.) Exercise types include true/false, multiple choice, matching, dictation, fill-in-the-blank, and written response. Each numbered chapter also has two pronunciation exercises **(Übungen zur Aussprache)**. Finally, the Lab Manual contains oral grammar drills **(Mündliche Übungen)** that provide extra practice on selected grammar topics. Your instructor has access to the scripts for the SAM Audio Program through the Instructor's Website. Answer Keys to the exercises in the Lab Manual are provided at your instructor's discretion.

Video Manual

The Video Manual contains activities designed to be used in conjunction with the *Deutsch heute* video. Downloadable MP4 files are accessible through the Premium Website. Your instructor also has a DVD.

Each chapter of the Video Manual corresponds to the video scenes you already know from the textbook. The material in the Video Manual provides you with an opportunity to work with the video using its visual and audio components.

Visual Component. What one sees in a video or movie is of course important for understanding what is going on and understanding the characters. Background scenery, facial and body gestures—they all tell the viewer much. Each segment of the Video Manual contains one or more activities to focus your attention on the visual. You might be asked to describe the persons, how they behave, or the place where they are. In order to focus your attention on the visual and not be distracted by the dialogue, you are advised to watch the video without the sound.

Audio Component. Once you have become familiar with the visual situation, it is time to watch the video with the sound on. Now you can concentrate on what the characters say, how they say it, and how they interact with the other persons in the scene. To help you understand the audio component, activities usually include questions or true-false statements that are based on either direct quotations or paraphrases of the dialogues. Thus you can become clear in your mind about who said what, to whom, how it was said, and what the person meant.

Post-viewing activities. The final activity in each segment encourages you to expand on what you have seen in the video and to call on your own experience and imagination. You may be asked to create a dialogue, perform a role-play, or give your opinion about one of the characters or the relationships of the characters to each other. You may also be asked to relate something in the video to your own experience. To broaden the cultural component conveyed by the video, you are sometimes asked to go to a website for more information.

Wichtige Wörter. While you need not understand every word that the characters say to follow the gist of a particular conversation, the **Wichtige Wörter** list introduces some words that may be unfamiliar to you but are useful for your understanding of the dialogue.

Self-Tests

The Self-Tests are provided to help you review structures and vocabulary as you prepare for the chapter test. Doing the Self-Tests, either individually or in class, will enable you to see whether you have understood the grammatical features introduced in the chapter and whether you can apply your understanding of the grammatical principles. You will need to use a separate answer sheet for the Self-Tests. An Answer Key to the Self-Tests is included at the end of this Manual.

iv

WORKBOOK

Das bin ich!

EINFÜHRUNG

A **Wie heißt du?** Christian is attending his first lecture at the university. While waiting for the professor to arrive, he gets acquainted with the student next to him. Complete their dialogue by writing in the appropriate responses from the column on the right.

1. Hallo, ich heiße Christian. Wie heißt du?
   Hallo Mein Name ist Fayrinissa

2. Hm. Wie schreibt man das?
   eff ah üppsilon err ihenn in ess ess ah

3. Wie ist deine Handynummer?
   0176 463 2278

4. Wie ist deine Adresse?
   Nauklerstraße 72

5. Und wie ist deine E-Mail-Adresse?
   Christian11111 @ yahoo.de

a. 0176 463 22 78

b. Christian11111@yahoo.de

c. eff ah üppsilon err ih enn ih ess ess ah.

d. Hallo. Mein Name ist Fayrinissa.

e. Nauklerstraße 72.

B **Wie geht's?** Read the following conversational starters. For each one choose a fitting response from the list. (Use each item only once.)

> Danke, gut. Und Ihnen?   Miserabel.
> Tschüss.
> Ich bin müde.

1. — Wie geht's?
   Danke, gut. Und Ihnen?

2. — Auf Wiedersehen, bis morgen.
   Ich bin müde

3. — Was ist los?
   Tschüss

4. — Wie geht es Ihnen?
   Miserabel

C **Farben** Fill in the correct color.

1. Ein Elefant ist _grau_.
2. Ein Tiger ist _orange_ und _schwarz_.
3. Eine Tomate ist _rot_.
4. Moby Dick ist _grau_.
5. Eine Banane ist _gelb_.
6. Die Grundfarben° sind _rot_, _blau_ und _gelb_. *primary colors*
7. Mein Telefon ist _schwartz_.
8. Mein Rucksack ist _orange une grau_.
9. Die Wand in meinem Zimmer ist _weiß_.
10. Meine Lieblingsfarbe° ist _goldgelb_. *favorite color*

D **Welcher Artikel?** You have already learned a number of nouns. Since the gender of nouns is very important in German, categorize them by their *definite articles*.

Frau Professorin Farbe Handy Papier Tag Stuhl Buch Computer Mädchen Bleistift

der

Der Frau
Der Computer
Der Papier
~~das~~ Der Stuhl

das

das Buch
Das Handy
Das Tag
Das Mädchen

die

Die Professorin
Die Farbe
Die Bleistift

E **Wie ist …?** Daniel and Anna are talking about the following people and things. For each item, first complete the question by supplying the pictured noun and its definite article. Then give an answer, using a complete sentence with the cue in parentheses.

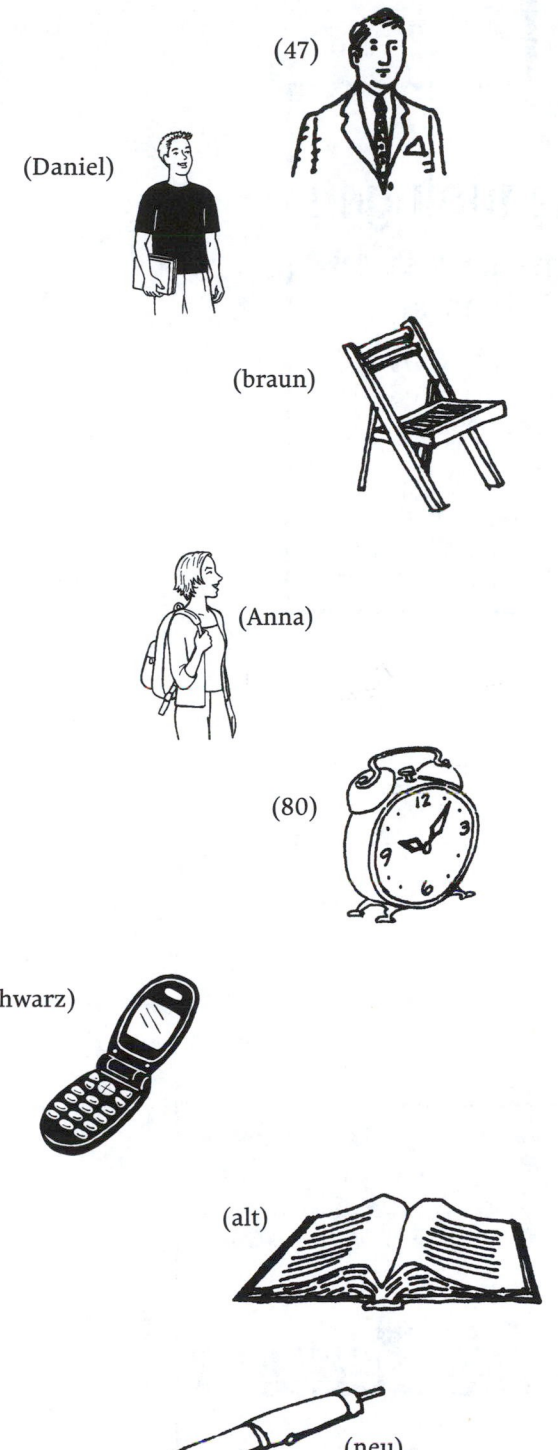

(47)

(Daniel)

(braun)

(Anna)

(80)

(schwarz)

(alt)

(neu)

→ Wie alt ist der Mann?
  Er ist siebenundvierzig Jahre alt.

1. Wie heißt ___ist der Mann___?
   Er heißt daniel
   _____

2. Welche Farbe hat ___der stuhl?___?
   Der stuhl Hat braun.
   _____

3. Wie heißt ___der Frau?___?
   Er heißt Anna
   _____

4. Wie alt ist ___der uhr___?
   ~~Der uhr ist 80~~
   Der uhr ist ~~sechzig~~ Jahre alt

5. Welche Farbe hat ___das handy___?
   Das handy ~~ist~~ Hat schwarz

6. Wie ist ___das Buch?___?
   das buch ist alt.

7. Wie ist ___~~Die Bleistift~~___?
   Die ~~Bleistift ist~~ neu

F **Volkshochschule** *(adult education center)* **Tübingen** Look at the ad from the adult education center in Tübingen and answer the questions that follow.

volkshochschule tübingen

Katharinenstraße 18
72072 Tübingen

Telefon (0 70 71) 56 03 0
Fax   (0 70 71) 56 03 28
www.vhs-tuebingen.de

Öffnungszeiten:
Mo.-Fr. 09:00 bis 12:30 Uhr
          14:00 bis 17:30 Uhr

GLOBUS-Kartendienst GmbH, Hamburg

1. Wie heißt die Abkürzung° für „Volkshochschule"? _____   *abbreviation*

2. Wie ist die Adresse? _____

3. Wie ist die Telefonnummer? _____

4. Wie ist die Internetadresse? _____

5. Wie ist das VHS-Haus°? Alt oder neu? _____   *building*

Von Alma mater bis Zeitung

Unser Minilexikon für das erste Studienjahr

Cengage Learning

G **Das Zimmer** Anna has sent you a picture of her room in Tübingen. A friend of yours is planning to go to Germany next summer, so you tell her on the phone about Anna's room.

Bryn Colton/Assignments Photographers/CORBIS

1. Name six items with the indefinite article. If there is more than one of an item, name only one.

▶ *In Annas Zimmer ist ein Stuhl, ...* _____

_____

_____

2. Your friend is curious and wants to know what the room and the things in the room look like. Using various *modifiers* (colors, size, age), write five sentences describing the room and the objects in it.

▶ *Der Stuhl ist neu.* _____

_____

_____

_____

_____

H Deutsch ist leicht (easy)! You may be surprised to discover how much German you can understand without knowing every word. Since German and English are closely related linguistically, you will find many cognates that will help you get the gist of a reading. Look at the ad below and answer the questions that follow.

MEINRAD – Musik in meinen Ohren!
Radio – Fernsehen – HiFi

Bitte senden Sie mir weitere Informationen
über MEINRADs Produktpalette° zu.   *diverse range of products*

Name (Herr/Frau): _____

Telefon (tagsüber): _____

(abends): _____

Adresse (Straße): _____

(PLZ°/Wohnort°): _____   *Postleitzahl / residence (city)*

Bitte° unfrankierten Umschlag zurück an: *Bitte...an Please return unstamped*
MEINRAD,   *envelope to*
Postfach 1327,
55001 Mainz oder
E-Mail (Betreff°: Info) an: info@meinradHiFi.de   *subject*

---

1. List six German words you already know.

   _____   _____

   _____   _____

   _____   _____

2. List five German words that look *similar to* English words.

   _____   _____

   _____   _____

   _____

3. What is this ad about? _____

4. In the ad, fill in the requested personal details so that you can receive more information from the company.

5. Wie heißt die Firma°? _____   *company*

6. Wie heißt die Stadt°? _____   *city*

7. Wie ist die E-Mail-Adresse? _____

I **Am Telefon** In order to get information about the University of Tübingen, call the office for international students. The person on the phone promises to send the information and asks for your address. Answer her/his questions.

1. Wie heißen Sie? *Ich Heiße Ryan.*

2. Wie ist Ihre Adresse? Die Straße? *Mein Adresse ist 679 Indian Hill Rd. Deerfield, IL*

3. Und die Stadt° und die Postleitzahl°? *Deerfield Illinois 60015*   *city / postal code*

4. Ihre E-Mail-Adresse? *ryanflamm20@gmail.com*

5. Danke, (Herr)/ Frau _*Ryan*_

J **Cognates** Look at the following groups of cognates and cross out the one word in each group that doesn't belong.

▶ der Elefant   das Känguru   ~~die Lampe~~   die Maus

1. der Arm   der Finger   die Hand   ~~die Socke~~
2. blau   ~~dumm~~   grün   rot
3. ~~der Ball~~   die Klarinette   die Trompete   die Violine
4. das Bett   ~~die Couch~~   das Sofa   das Telefon
5. der Film   die Musik   die Politik   ~~das Theater~~

K **Kulturkontraste**

1. **Guten Tag.** Decide whether the following greetings are expressions for saying hello (H) or expressions for saying good-bye (G).

   a. Tschüss.   *G*

   b. Guten Morgen.   *H*

   c. Gute Nacht.   *H*

   d. Ade.   *G*

   e. Guten Tag.   *H*

   f. Bis bald.   *G*

   g. Mach's gut.   *G*

   h. Grüß Gott.   *H*

2. Die deutsche Sprache heute. Give three reasons why German is an important world language.

_____

_____

_____

Freizeit und Sport

KAPITEL 1

A **Gehen wir ins Kino?** Sarah and Leon have classes in the same building. When they run into each other, they talk about their plans for the evening. Make up their conversation by writing the following sentences in a meaningful sequence.

—Nichts Besonderes. Was machst du?
—Tschüss. Bis dann.
—Anna und ich, wir gehen ins Kino, in *Beste Zeit*. Kommst du auch?
—Gut, dann bis halb acht. Ciao.
—Au ja, ich komme gern. Ich glaube, der Film ist toll. Wann geht ihr?
—Was machst du heute Abend?
—So um halb acht.

LEON: *Was machst du heute Abend?*
SARAH: *Nichts Besonderes. Was machst du?*
LEON: *Au ja, ich komme gern. Ich glaube, der Film ist toll. Wann geht ihr? Kommst du auch?*
SARAH: *Anna und ich, wir gehen ins Kino, in Beste Zeit. So um halb acht.*
LEON: *So um halb acht.*
SARAH: *Gut, dann bis halb acht. Ciao.*
LEON: *Tschüss. Bis Dann*

B **Was machst du?** Anna and Leon meet in the lounge of their dormitory. Choose Leon's lines from the list provided and write them in the spaces provided.

Ciao, bis später.   Nein, heute nicht. Ich spiele nämlich mit Daniel Tennis.
Ganz gut. Und dir?   Nein, nicht besonders. Aber ich spiele total gern Tennis.
So um halb vier.

ANNA: Ach, hallo Leon. Wie geht's?
LEON: *Ganz gut. Und dir?*
ANNA: Auch gut. Du, ich gehe heute schwimmen. Hast du auch Zeit?
LEON: *Nein, heute nicht. Ich spiele nämlich mit Daniel Tennis.*
too bad! ANNA: Schade!° Spielst du gut?
LEON: *Nein, nicht besonders. Aber ich spiele total gern Tennis.*
ANNA: Und wann spielt ihr?
LEON: *So um halb vier*
Spaß: ANNA: Dann viel Spaß°. Also, tschüss Leon, bis dann.
e fun LEON: *Ciao, bis später.*

C **Wie sind Sie?** You are participating in a survey of the Department of Psychology dealing with the relationship between the generations. Complete the chart for yourself and others. For each person select three *adjectives* from the following list and write them in the chart.

**chaotisch egoistisch ernst freundlich froh glücklich intelligent
kreativ kritisch laut lebhaft lustig praktisch ruhig sympathisch
tolerant traurig unfreundlich unsympathisch**

	sehr	manchmal°	nicht	
→ Mein Professor ist	*kritisch*	*praktisch*	*unfreundlich*	*sometimes*
1. Meine Professorin ist	Sympathisch	laut	unfreundlich	
2. Meine Freundin ist	laut	chaotisch	froh	
3. Mein Freund ist	tolerant	glücklich	sympathisch	
4. Meine Mutter° ist	~~ernst~~ intelligent	kritisch	traurig	*mother*
5. Mein Vater° ist	freundlich	kreativ	glücklich	*father*
6. Ich bin	kreativ	intelligent	ernst	

D **Wann?** You are visiting your Swiss friend Katharina. For today you have planned an excursion on the lake near **Luzern.** Ask the ship line employee about departure and arrival times. He looks up the times in the ship schedule and gives you the official time (use Method 1 as in a). You tell Katharina the time in conversational German (use Method 2 as in b).

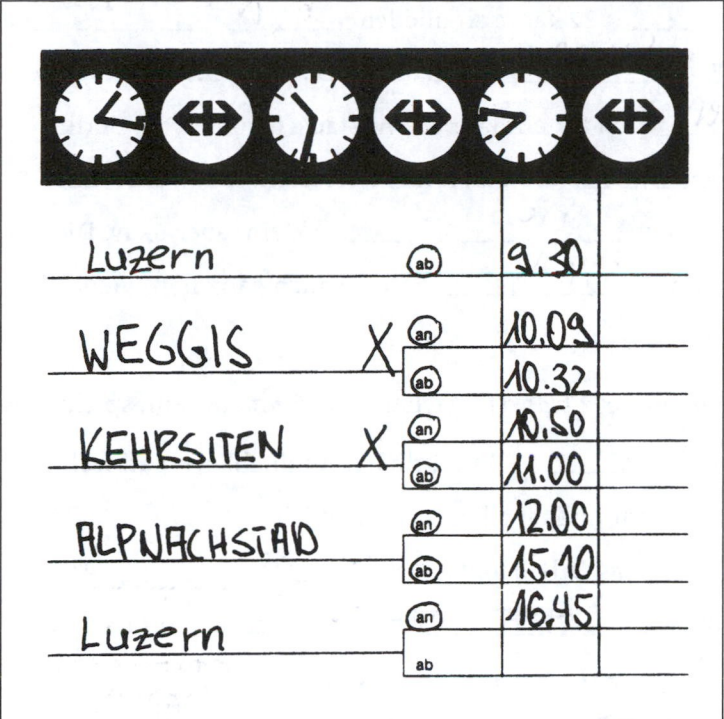

Luzern	ab	9.30
WEGGIS X	an	10.09
	ab	10.32
KEHRSITEN X	an	10.50
	ab	11.00
ALPNACHSTAD	an	12.00
	ab	15.10
Luzern	an	16.45
	ab	

▶ Wann fahren wir von° Luzern ab°?   *from / fahren ab: depart*

   a. Um ___*neun Uhr dreißig*___ .

   b. Um _____*halb zehn*_____ .

1. Wann kommen wir in Weggis an°?   *kommen an: arrive*

   a. Um _____ Zehn uhr neun _____ .

   b. Um _____ ~~zwelf~~ Zehn – null, neun _____ .

2. Wann fahren wir von Kehrsiten ab?

   a. Um _ Elf ~~Zehn uhr fünfzig~~ _____ .

   b. Um _ eins uhr vor ~~zwelf~~ zwölf _____ .

3. Wann kommen wir in Luzern an?

   a. Um _ sechszehn uhr pfünf und vierzig _____ .

   b. Um _ Es ist viertel vor siebzehn _____ .

E **Wer ich bin und was ich gern mache** Michael is spending a year as an exchange student in Berlin. For his German class, he has to write a short essay about himself, including his hobbies. Complete each paragraph of Michael's report with the appropriate form of the verbs listed.

Verbs: kommen, sein (*5x*), studieren

Ich _____ *bin* _____ [1] 22 Jahre alt und ich _____ *bin* _____ [2] aus°

Boston. Dort° _____ *studieren* _____ [3] ich an der Boston University. Jetzt°

_____ *kommen* _____ [4] ich für ein Jahr als° Austauschstudent° in Berlin.

Berlin _____ *seid* _____ [5] toll und total interessant. Ich wohne° im

Wohnheim°. Mein Zimmer _____ *seid* _____ [6] klein, aber okay. Die

Studenten im Wohnheim _____ *sind* _____ [7] auch ganz nett, vielleicht

ein bisschen reserviert.

from

there / now

as / exchange student

live

dorm

Verbs: inlineskaten gehen (*fills 2 blanks*), machen, schwimmen, sein, spielen, wandern

Und ich? Ich _____ *bin* _____ [8] natürlich freundlich, sympathisch,

intelligent, sportlich, tolerant und ziemlich° ironisch! Ich

_____ *spielen* _____ [9] Basketball und ich *machen* _____ [10]

Fitnesstraining. Im Sommer _____ ~~trip~~ ~~gehen~~ *schwimmen* _____ [11] ich auch oft und ich

_____ ~~inlineskaten~~ *wandern* _____ [12] gern. Meine Freunde und ich _____ ~~wandern~~ ~~gehen~~ _____ [13]

oft am Charles River _____ ~~wandern~~ _____ [14]. *inlineskaten*

rather

Verbs: arbeiten, glauben, haben (*2x*), machen, tanzen gehen (*fills 2 blanks*)

An der FU° _____ ~~habe~~ *hat* _____ [15] ich Musik in einer Band. Ich

_____ *haben* _____ [16] hier in Berlin zwei gute Freunde, Franziska und Sebastian.

Heute Abend _____ *tanzen* _____ [17] wir _____ *gehen* _____ [18]. Stefan

_____ *arbeiter* _____ [19] in einem Club, dem „Cinderella". Am Wochenende

~~machen~~ ~~haben~~ _____ [20] wir Karten für ein Konzert in dem Club. Ich

_____ *glauben* _____ [21], die Band ist super!

Freie Universität Berlin

F **Ja, so ist es** Leon is home in Hamburg for the weekend, where he meets his friend Tobias. They have kept in touch by e-mail since Leon went to Tübingen, so Tobias knows quite a bit about Leon's life and friends there. They are looking at pictures that Leon took in Tübingen and Tobias is commenting on them. Take Leon's place and respond in the affirmative, replacing the noun phrase with the corresponding *personal pronoun*.

▶ Ist Daniel sehr sportlich?   *Ja, er ist sehr sportlich.*

1. Dein Zimmer ist ziemlich klein, nicht?

   Ja, _Es ist ziemlich klein_____.

2. Studiert Anna auch Englisch?

   Ja, _Sie studiert auch Englisch_____.

3. Gehen deine Freunde oft inlineskaten?

   Ja, _Es gehen oft inlineskaten_____.

4. Kommt David aus Washington, D.C.?

   Ja, _Er kommt aus Washington DC_____.

5. Ist die Uni relativ groß?

   Ja, _Sie ist_____.

6. Ist die Stadt ziemlich klein?

   Ja, _____.

7. Telefoniert dein Zimmernachbar sehr oft?

   Ja, _____.

8. Weiß dein Freund Leonhard viel über Tübingen?

   Ja, _____.

G **Gespräche *(conversations)*** Anna's parents and her brother Nico are having dinner with Anna and her new friends Daniel and Leon. Use the cues provided to write a question addressed to the person listed. Then make up an answer for that person. You may answer in short phrases, which is normal in conversation. Pay attention to the appropriate use of **du, ihr,** or **Sie**. Since Mr. and Mrs. Riedholt are meeting Daniel and Leon for the first time, they address them formally **(Sie)**, but use first names because they are Anna's friends. Note that specific questions as well as yes/no questions are being used.

▶ HERR RIEDHOLT: Daniel, _gehen Sie gern ins Kino___? (gehen / gern / ins Kino)

    DANIEL: _Nein, nicht sehr gern_____.

1. NICO: Daniel, _____? (surfen / oft / im Internet)

   DANIEL: _____.

2. LEON: Herr Riedholt, _____? (wandern / gern)

   HERR RIEDHOLT: _____.

3. ANNA: Daniel und Leon, _____?

(gehen / am Wochenende / wieder schwimmen)

DANIEL UND LEON: _____.

4. FRAU RIEDHOLT: Leon, _____? (spielen / oft / Gitarre)

LEON: _____.

5. DANIEL: Nico, _____? (hören /gern / Hip-Hop)

NICO: _____.

6. HERR RIEDHOLT: Daniel, _____? (sein / musikalisch)

DANIEL: _____.

H **Was? Wann?** Andrea, your Austrian neighbor, asks you about various activities. Check your calendar and respond in German using complete sentences with **Ja, …** or **Nein, …** and the correct activity.

▶ *Freitag:* Gehen wir schwimmen? *Nein, wir gehen tanzen.* _____

1. *Montag:* Spielen wir Fußball? _____

2. *Dienstag:* Spielst du Schach? _____

3. *Mittwoch:* Gehst du heute Abend schwimmen? _____

4. *Donnerstag:* Gehen wir ins Kino? _____

5. *Samstag:* Spielen wir heute Morgen Tennis? _____

6. *Sonntag:* Arbeitest du heute viel? _____

I **Wer sind Sie?** You are going to be an exchange student in Germany for a year. The study abroad agency wants you to provide information about yourself so that your German host family will know who you are and what you like to do. Complete the questionnaire they have sent.

Eigenschaften° *characteristics*

ernst	lustig
fleißig	musikalisch
freundlich	nett
groß	praktisch
intelligent	ruhig
klein	sportlich
kreativ	tolerant
kritisch	vielseitig
lebhaft	

Hobbys/Aktivitäten

auf Facebook gehen	Schach spielen
Basketball spielen	schreiben
Computerspiele spielen	schwimmen
Gitarre spielen	Sport treiben
Golf spielen	tanzen
im Internet surfen	Tennis spielen
inlineskaten gehen	twittern° *to tweet*
joggen	Videospiele spielen
mit Freunden telefonieren	wandern
Musik hören	

Wer sind Sie?

Adresse

Nachname: _____

Vorname(n)°: _____ *first name(s)*

Wohnort°: _____ *city/town*

Straße und Hausnummer: _____

Telefonnummer: _____

Alter°: _____ *age*

Persönlichkeit° *personality*

Welche Eigenschaften haben Sie? _____

_____

Was machen Sie gern? _____

_____

Was machen Sie nicht gern? _____

_____

J Hallo Tobias! Leon is back in Tübingen and is writing an e-mail to his friend Tobias in Hamburg. Read the e-mail and answer the questions that follow.

Hallo Tobias,

wie geht's? Heute ist Donnerstag und ich bin jetzt wieder° in Tübingen. *again*
Meine neue Adresse ist Pfleghofstraße 5, 72072 Tübingen. Meine Nachbarin
heißt Anna. Anna studiert auch Englisch und sie ist sehr nett. Heute Abend
um sieben Uhr spielen wir zusammen Schach. Und am Samstagnachmittag
gehen Anna, Daniel und ich schwimmen und am Abend tanzen. Ich weiß,
du tanzt nicht gern. Aber ich tanze sehr gern. O je°, es ist schon Viertel vor *oh dear*
sieben und Anna kommt in fünfzehn Minuten.

Bis bald,

Leon

1. Wo ist Leon? _____

2. Welcher Tag ist heute? _____

3. Was machen Leon und Anna heute Abend? _____

4. Wer geht am Samstag schwimmen und später tanzen? _____

5. Tanzt Tobias gern? _____

6. Wer kommt gleich°? _____ *rig┤*
  (in

K Kulturkontraste

1. **Sportvereine.** Compare how people in German-speaking countries and people in your country may participate in competitive sports.

   _____

   _____

   _____

   _____

2. **Tübingen.** Give several reasons for the saying: "Tübingen hat keine Universität. Tübingen ist eine Universität."

   _____

   _____

   _____

3. **Du *vs*. Sie.** Match the following brief conversations with the people described. Pay attention to whether the people would address one another formally or informally.
   a. Two students see each other in the dormitory kitchen.
   b. Two neighbors meet on the street.
   c. Two children get to know each other on the street.
   d. Two older people get to know each other on a train.

   _____   *i.*   —Guten Morgen, Frau Herrmann. Wie geht es Ihnen?
   —Danke gut. Und Ihnen?

   _____   *ii.*   —Hallo. Wie geht's?
   —Nicht besonders. Ich bin total müde.

   _____   *iii.*   —Wo wohnen Sie?
   —Ich wohne in Berlin. Und Sie?

   _____   *iv.*   —Wie heißt du?
   —Ich heiße Lisa. Und du?

4. **Fit bleiben.** Swimming is a popular leisure time activity for people who want to stay in shape. Tell what features are offered in Germany for swimmers using indoor **(Hallenbad)** and outdoor **(Freibad)** facilities. Write three to four sentences.

   _____

   _____

   _____

   _____

Das Land und das Wetter

A Wie ist das Wetter? Characterize the weather where you live in the months and seasons listed.

▶ Im Februar: *Es ist kalt. Es schneit oft.*

Im Januar: _____

Im Frühling: _____

Im Juli: _____

Im Herbst: _____

Im November: _____

B Wetterprobleme Anna and Franziska are talking on the phone and they find out that the weather is quite different in Tübingen and in Berlin. Rewrite each sentence, beginning with the cued word. Be sure not to delete any of the original words in rewriting the sentences. Note that in one sentence you have to change the verb from present tense to simple past.

▶ Das Wetter ist selten° schön. (im November)   *seldom*
 Im November ist das Wetter selten schön.

1. Der Wind ist sehr kalt. (in Berlin)

   _____

2. Es regnet in Berlin. (leider)

   _____

3. Es schneit bestimmt. (morgen)

   _____

4. Es war sonnig und warm in Tübingen. (gestern)

   _____

5. Der Frühling kommt. (bald)

   _____

C **Was machst du (nicht) gern?** Write down two things you like to do and two things you do not like to do. Then tell about your friends. The following expressions will give you some ideas.

Sport treiben	Tennis spielen
joggen	Schach spielen
wandern	Computerspiele/Videospiele spielen
auf Facebook chatten	im Internet surfen
twittern	Gitarre spielen
Fahrrad fahren	Musik (Rock 'n Roll, Jazz, Rap) hören
Montainbike fahren	mit Freunden telefonieren
Inlineskaten gehen	auf° ein Konzert gehen *to*
Fitnesstraining machen	auf eine Party gehen
Yoga machen	tanzen
Gewichte heben	ein Picknick machen
Schwimmen	arbeiten
Basketball/Volleyball/Fußball spielen	

▶ *Ich jogge gern.*

1. _____

2. _____

▶ *Ich höre nicht gern Jazz.*

3. _____

4. _____

▶ *Meine Freunde heben gern Gewichte.*

5. _____

6. _____

D **Etwas über Deutschland** You have read a brochure about Germany and you exchange some facts with a friend in your German class. In each statement, underline the *subject* once. Some of the sentences contain a predicate noun. Underline each *predicate noun* twice.

▶ <u>Berlin</u> ist die <u>Hauptstadt</u> von Deutschland.

1. In Deutschland ist das Wetter anders als in Amerika.

2. Im Sommer ist es in Amerika oft sehr heiß.

3. In Deutschland ist der Sommer relativ kühl.

4. Österreich ist ein Nachbarland von Deutschland.

5. Südlich von Deutschland liegt die Schweiz.

6. Die Deutschen spielen gern Fußball.

7. John F. Kennedy war im Sommer 1963 in Berlin.

E **Wer hat was?** Anna, Daniel, Felix, Sarah, and Leon are comparing items in their apartments. Using the following chart, write statements about who owns how many of what. You will find the plural forms of the various nouns in the end vocabulary of your textbook.

	Anna	Daniel und Felix	Sarah	Leon
das Bild	4	7	2	6
der Fernseher	—	2	1	2
das Handy	1	2	1	—
das Buch	30	80	20	60
das Bett	1	2	1	1
der Computer	—	2	2	1
der Stuhl	2	4	3	4
das Videospiel	—	5	10	2

▶ das Bild: Anna; Leon   *Anna hat vier Bilder. Leon hat sechs Bilder.*
   das Videospiel: Daniel und Felix   *Daniel und Felix haben fünf Videospiele.*

1. das Buch: Daniel und Felix _____

   _____

2. der Fernseher: Leon _____

   Daniel und Felix _____

3. das Videospiel: Sarah _____

   Leon _____

4. der Stuhl: Anna _____

   Leon _____

5. der Computer: Daniel und Felix _____

   _____

6. das Bett: Daniel und Felix _____

   Anna _____

7. das Handy: Sarah _____

   Daniel und Felix _____

F **Am Telefon** Franziska and Sebastian have started their first semester in Berlin and are sharing an apartment. Their mother calls to see how they have settled in. Complete their phone conversation with the correct form of the appropriate possessive adjectives: **mein, ihr, sein, unser, euer, ihr.**

FRAU BERGER: Und was macht ihr zwei, du und Sebastian? Seid ihr

glücklich in Berlin? Wie sind ___*eure*___ Zimmer?

FRANZISKA: _____[1] Zimmer ist schön und ich bin sehr froh. Sebastian

ist nicht so glücklich. _____[2] Zimmer ist relativ groß, aber

ein bisschen laut. Es geht zur Straße°.   *Es ... Straße:*
                                                  It faces the street

FRAU BERGER: Und wie ist euer Garten?

FRANZISKA: _____[3] Garten ist toll! Leider sind _____[4] Nachbarn nicht so

nett. Sie denken, es ist nur _____[5] Garten. Das ist aber falsch.

FRAU BERGER: Was hörst du von Anna in Tübingen? Geht es ihr gut?

FRANZISKA: Ja, alles okay. Am Sonntag ist ja _____[6] Geburtstag.

Da telefonieren wir bestimmt.

FRAU BERGER: Ach ja, sag Anna viele Grüße von mir. Weißt du, ob° sie   *whether*

nette Freunde in Tübingen hat?

FRANZISKA: Ja, _____[7] Freund Daniel ist sehr nett. Daniel ist schon°   *already*

drei Jahre in Tübingen. Er und _____[8] Freunde machen viel.

Und Anna ist oft dabei°. _____[9] Freunde sind jetzt   *ist dabei: goes*
                                                                  along

schon _____[10] Freunde.

FRAU BERGER: Das ist schön. Und du und Sebastian? Wie sind

_____[11] Freunde?

FRANZISKA: _____[12] Freunde sind auch sehr nett ...

> Ist der Oktober warm und fein,
>
> kommt ein harter Winter rein°   *in*
>
> Ist der Oktober aber nass und kühl,
>
> mild der Winter werden will°.   *werden will: will be*

Name _____ Datum _____

G **Sebastians Zimmer** Sebastian has not completely furnished his room in Berlin. From the list below state which items are there and which are not. Remember to include the correct form of **ein** or **kein** with each item.

~~Bett~~ ~~Bild~~ **Bücherregal Computer**
Fernseher Gitarre Lampe Pflanze
Radio Stuhl Tisch Uhr

1. Im Zimmer von Sebastian sind _____*ein Bett*_____, _____,

   _____, _____ und _____.

2. Im Zimmer sind _____*kein Bild*_____, _____,

   _____, _____, _____ und

   _____.

H Wie ist das Wetter? Wie viel Grad sind es? Have a look at the weather map below and familiarize yourself with the symbols. Then answer the questions in complete sentences.

heiter	*pleasant*	bewölkt	*partly cloudy*	bedeckt	*cloudy*
Nebel	*fog*	Schauer	*showers*	Gewitter	*thunderstorms*

Maxx-Studio/Shutterstock.com

Regen	bewölkt	sonnig	heiter bis wolkig	schwül	heiß	Gewitter

► Wie ist das Wetter in Helsinki?   *Es regnet in Helsinki. / In Helsinki regnet es.*
  Wie viel Grad sind es in Paris?   *Es sind in Paris 26 Grad. / In Paris sind es 26 Grad.*

1. Wie ist das Wetter in München? _____

2. Wie viel Grad sind es in Hamburg? _____

3. Wie ist das Wetter in Frankfurt? _____

4. Wie viel Grad sind es in Oslo? _____

5. Wo regnet es? _____

6. Wo ist es sehr warm? _____

7. In Berlin sind es 28 Grad. Wie viel Grad Fahrenheit sind das? *(Use the quick estimate.)* _____

   _____

I **Deutsche Städte** Identify the five rivers and fifteen cities marked on the map of Germany. Refer to the map in your textbook as necessary.

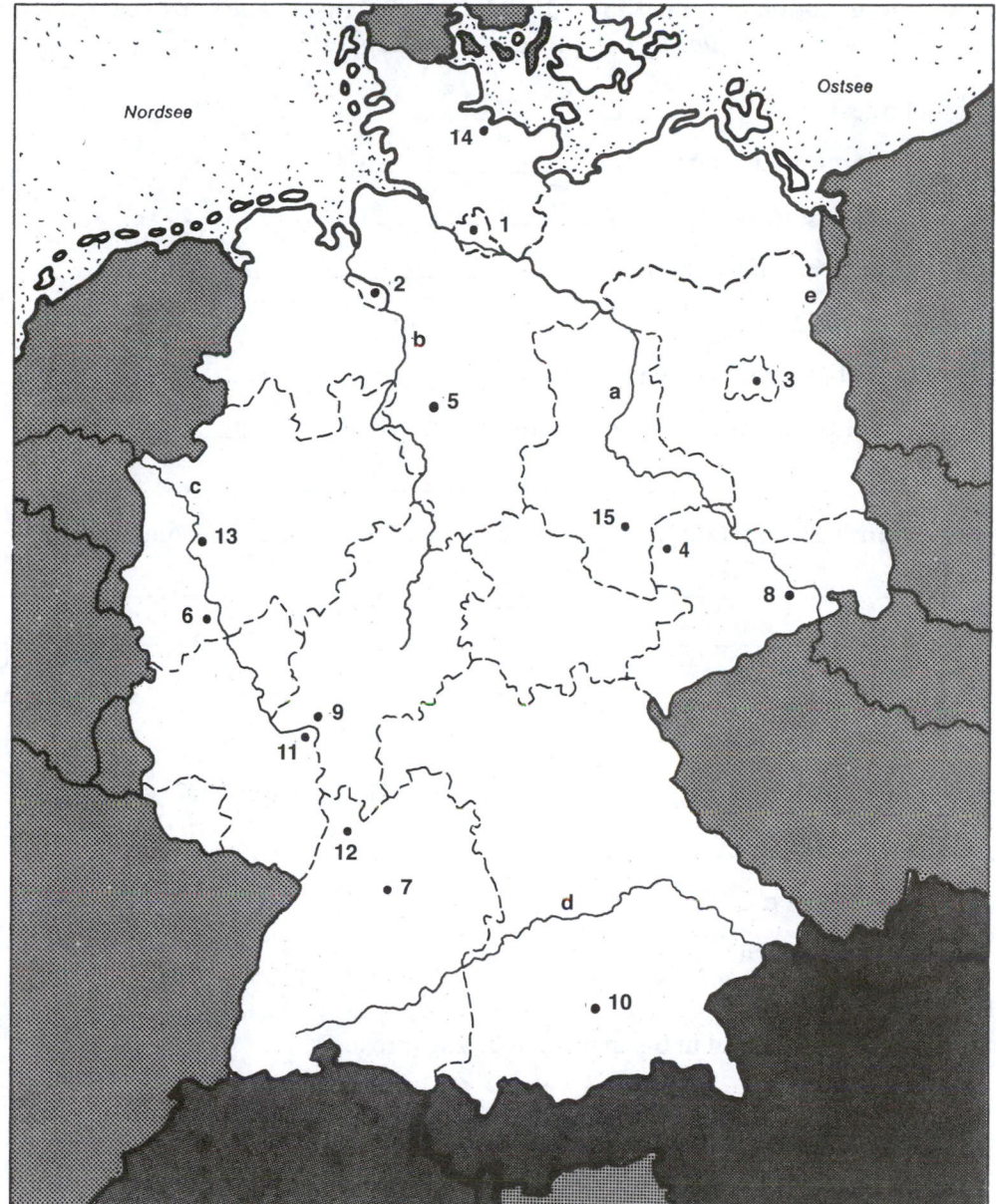

vers **Flüsse°**		**Städte**		
a. _____	1. _____	6. _____	11. _____
b. _____	2. _____	7. _____	12. _____
c. _____	3. _____	8. _____	13. _____
d. _____	4. _____	9. _____	14. _____
e. _____	5. _____	10. _____	15. _____

1. **Landschaften.** Fill in the correct terms from the list.

> der Bodensee die Elbe der Main die Mosel die Nordsee
> der Rhein Rügen die Zugspitze

a. Germany's largest island: _____

b. The highest mountain in Germany: _____

c. The largest lake in Germany: _____

d. Four important rivers in Germany: _____, _____,

_____, _____

e. Body of water with vast sandy beaches, located north of Germany: _____

f. Which section of Germany appeals to you the most? Why? _____

_____

2. **Berlin: Deutschlands Hauptstadt.** List several things you find interesting about Berlin.

_____

_____

_____

_____

3. **Geburtstage.** What do the following expressions mean to a German speaker?

a. das Geburtstagskind _____

b. der Geburtstagskuchen _____

c. Herzlichen Glückwunsch zum Geburtstag! _____

4. **Die deutsche Sprache.**

a. When is **Hochdeutsch** used in German-speaking countries?

_____

_____

b. What role do dialects play in German? Is that different in your language?

_____

_____

Essen und Einkaufen

KAPITEL 3

A Wo kauft man was?
Machen Sie eine Einkaufsliste. In jedem Geschäft kaufen Sie drei Dinge. *(Make a shopping list. You buy three things in each store.)*

Apfelsaft	Brötchen	Hähnchen	Käse	Obst	Spaghetti
Aspirin	Butter	Hefte	Kuchen	Orangensaft	Tomaten
Bananen	Eier	Kaffee	Make-up	Rinderbraten	Trauben
Bier	Fernseher	Kämme	Margarine	Salat	Videospiele
Bleistifte	Gemüse	Karotten	Milch	Schinken	Wein
Brot	Gurken	Kartoffeln	Nudeln	Shampoo	Wurst

Beim Bäcker

_____ *Brötchen* _____

_____

_____

Beim Metzger

_____

_____

_____

In der Drogerie

_____

_____

_____

Im Supermarkt

_____ *Brötchen* _____

_____

_____

Auf dem Markt

_____

_____

_____

Im Kaufhaus

_____

_____

_____

B Neue Wörter
Bilden Sie neue Wörter. Folgen Sie dem Beispiel. *(Form new words. Follow the example.)*

		Compound	English equivalent
▶ der Kaffee und das Haus	*das*	*Kaffeehaus*	*coffee shop, café*
1. die Wand und die Uhr	_____	_____	_____
2. die Butter und das Brot	_____	_____	_____
3. der Sommer und der Abend	_____	_____	_____
4. der Frühling (+ s) und der Tag	_____	_____	_____
5. das Haus und die Tür	_____	_____	_____
6. der Herbst und der Wind	_____	_____	_____
7. der Geburtstag (+ s) und das Kind	_____	_____	_____

C Im Café Moritz Sie und ein Freund frühstücken im Café Moritz. Ergänzen Sie das folgende Gespräch. Sie können Antworten aus der Liste auswählen. Sie können aber auch eigene Antworten formulieren. *(You and a friend are having breakfast at Café Moritz. Complete the following conversation. You can choose answers from the list. You can, however, also make up your own answers.)*

Bäckerei Café Moritz
Römerstraße 8
79540 Lörrach

Frühstück

Nr. 1   €5,10
Tasse Kaffee oder Kakao, 1 Brötchen oder Vollkornbrot, Butter, Marmelade oder Honig oder ein Käsebrötchen

Nr. 2   €9,50
Kännchen Kaffee, Tee oder Kakao, 2 Brötchen, Vollkornbrot, Butter, Marmelade oder Honig und ein Glas Orangensaft

Nr. 3   €7,20
Milchkaffee, 2 Croissants, Butter, Marmelade oder Honig und ein Glas Orangensaft

Nr. 4   €7,90
Tasse Kaffee, Tee oder Kakao, Müsli° mit Jogurt und frischem Obst

Nr. 5   €9,90
Kännchen Kaffee, Tee oder Kakao, 2 Brötchen, 1 Croissant, Butter, Marmelade oder Honig, 2 Eier, Käse, Schinken

Bienchen-s/Shutterstock.com

Müsli: *type of granola cereal*

Possible responses:

Ja, ich auch.
Bist du so hungrig°?   *hungry*
Nein, ich trinke keinen Tee.
Ich glaube, ich nehme die Nr. 5.
Ja, bitte. Ich trinke gern Orangensaft.
Aber du magst doch keinen Schinken!
Ich nehme die Nr. 1 – Kaffee und ein Käsebrötchen.
Ich mag schon Orangensaft. Aber morgens noch nicht.

Name _____ Datum _____

1. IHR FREUND: Hmmm, es riecht hier toll nach frischen Brötchen. Was nimmst du?

   SIE: _____

2. IHR FREUND: Das ist aber nicht viel. Ich glaube ich nehme Nr. 3. Ich esse sehr gern

   Croissants. Aber Orangensaft mag ich nicht. Möchtest du ihn?

   SIE: _____

3. IHR FREUND: Hmmm, dann nehme ich vielleicht Nr. 5.

   SIE: _____

4. IHR FREUND: Ja, und ich brauche jetzt auch schnell einen Kaffee.

   SIE: _____

D **Gespräche** Emily und Jessica besuchen Franziska und Sebastian in Berlin. Ergänzen Sie ihre Gespräche mit einem passenden Verb aus der Liste. Benutzen Sie es in der richtigen Form – im *Präsens* oder im *Imperativ*. Manche Verben werden mehrmals gebraucht. *(Emily and Jessica are visiting Franziska and Sebastian in Berlin. Complete their conversations with a suitable verb from the list. Use it in the proper form—in the present or in the imperative. Some verbs are used more than once.)*

essen   finden   fragen   geben   haben   kennen   kommen   nehmen   sein   wissen

▶ EMILY: Sebastian, _____*isst*_____ du oft Salat?

1. SEBASTIAN: Franziska, _____ du mir° bitte das Brot?   *me*

   FRANZISKA: _____ du Weißbrot oder Brötchen?

   SEBASTIAN: _____ mir bitte das Weißbrot.

2. SEBASTIAN: Was _____ es morgen zum Abendessen?

   FRANZISKA: Vielleicht Fisch. _____ ihr gern Fisch, Jessica und Emily?

   JESSICA: Ja, ich _____ gerne Fisch, aber Emily

   _____ Fisch nicht so gern.

3. JESSICA: Ich _____ Kopfschmerzen.

   EMILY: _____ doch eine Tablette.

   JESSICA: Ich _____ leider kein Aspirin hier.

   SEBASTIAN: _____ mal Franziska. Sie _____

   immer Kopfschmerztabletten.

4. FRANZISKA: Wie _____ ihr Berlin eigentlich?

   JESSICA: Ich _____ es toll und so interessant, besonders die Museen.

   FRANZISKA: _____ du eigentlich, wie viele Museen es in Berlin

   _____? Es sind doch sicher über hundert.

   JESSICA: Nein. Das _____ ich nicht genau. Ich

   _____ nur das Ägyptische Museum und das Jüdische Museum.

E **Beim Einkaufen** Franziska und Sebastian sind zu Besuch bei Anna und die drei gehen zusammen einkaufen. Unterstreichen Sie jedes *Subjekt* einmal und jedes *direkte Objekt* zweimal. (*Franziska and Sebastian are visiting Anna, and the three go shopping together. Underline each subject once and every direct object twice.*)

▶ Im türkischen Laden kennt <u>man</u> <u><u>Anna</u></u>.

1. Anna findet Herrn Özmir nett.

2. ANNA: Haben Sie den Käse aus der Türkei, Herr Özmir?

3. HERR ÖZMIR: Ja, wie viel Gramm Käse möchten Sie, Frau Riedholt?

4. Anna, Franziska und Sebastian brauchen auch Kaffee, Butter und Marmelade aus dem Supermarkt.

5. Auf dem Markt bezahlt Franziska die Blumen.

6. Dort kauft Anna noch Fisch fürs Abendessen.

F **Der Nachbar** Anna und ihr Vater sprechen über ihre neuen Nachbarn. Ergänzen Sie ihr Gespräch. Benutzen Sie die Stichwörter. (*Anna and her father are talking about their new neighbors. Complete their conversation. Use the cues.*)

ANNA: Kennst du _____ *den Jungen* _____ da? (der Junge) Er geht durch

_____[1]. (unser Garten)

HERR RIEDHOLT: Ja, er ist seit Januar _____[2]. (unser Nachbar)

ANNA: Findest du _____[3] nett? (dein Nachbar)

HERR RIEDHOLT: Nein, nicht sehr.

ANNA: Aber er ist doch sympathisch, nicht? Was hast du denn gegen

_____[4]? (euer Nachbar)

HERR RIEDHOLT: Ich finde _____[5] ein bisschen unfreundlich. (er) Er sagt

nie „Guten Tag". Er geht nie ohne _____[6] iPod aus dem

Haus. (sein) Und die Musik ist immer sehr laut. Hmm, jetzt geht er schon wieder um

_____[7]. (unser Haus)

ANNA: Und _____[8] findest du eigentlich nett hier in der

Straße? (wer)

G Was gibt's zum Abendessen? Anna und Leon machen oft das Essen zusammen. Heute kommt Daniel und sie gehen zusammen einkaufen. Verneinen Sie die Wörter, die kursiv gedruckt sind, indem Sie **nicht** oder eine Form von **kein** benutzen. *(Anna and Leon often prepare meals together. Today Daniel is coming and they are shopping together. Negate the italicized words by using **nicht** or a form of **kein**.)*

▶ LEON: Im Supermarkt finde ich Wurst und Fleisch *gut*.
   Im Supermarkt finde ich Wurst und Fleisch nicht gut.

▶ ANNA: Aber es gibt hier *eine* Metzgerei.
   Aber es gibt hier keine Metzgerei.

1. LEON: Anna, Daniel isst doch *Würstchen*.

   _____

2. ANNA: Ach ja, und er trinkt auch *Bier*.

   _____

3. LEON: Isst er *gern* Spaghetti?

   _____

4. ANNA: Ja, das stimmt. Also gut, dann kaufen wir *Würstchen*.

   _____

5. LEON: Kaufen wir Spaghetti und Tomatensoße. Die macht Daniel *oft* zu Hause. Und in der Mensa finde ich sie *gut*.

   _____

   _____

6. ANNA: Okay. Bezahlst du *heute* die Lebensmittel?

   _____

7. LEON: O je, ich finde mein Geld nicht. Hast du *Geld*, Anna?

   _____

H Im Café Nach ihren Kursen gehen Studenten oft in der Cafeteria einen Kaffee trinken. Ergänzen Sie ihre Gespräche mit den passenden *Personal-* oder *Possessivpronomen*. Benutzen Sie jeweils die richtige *Nominativ-* oder *Akkusativform*. *(After their classes students often go for a coffee in the cafeteria. Complete their conversations with the appropriate personal pronouns or possessive adjectives. Use the correct nominative or accusative form in each case.)*

▶ FRANCO: Trinkst du dein*en*_____ Kaffee nicht?

   SANDRA: Nein, möchtest du _____*ihn*_____ trinken?

1. ANNA: Leon, du bezahlst immer unser_____ Getränke. Heute bezahle ich

   _____ mal.

   LEON: Ja, gern. Danke. _____ kosten 5,60 Euro.

2. MIRIAM: Christian, isst du dein_____ Kuchen nicht?

   CHRISTIAN: Nein, ich mag _____ nicht. Er ist zu trocken. Möchtest du

   _____ essen?

   MIRIAM: Au ja, ich nehme _____ gern.

3. KEVIN: Oh, da ist ja Pascals Freundin. Wie findest du _____?

   JANA: Hmm, ich finde _____ nicht so sympathisch.

   CELINE: Ich kenne _____ von der Uni. _____ ist ein bisschen reserviert,

   aber sehr nett.

4. VANESSA: Robin, brauchst du heute Abend dein_____ Deutschbuch?

   MARCEL: Nein, ich brauche _____ nicht. Warum fragst du? Wo hast du

   dein Buch?

   VANESSA: Frag _____ nicht. Seit drei Tagen suche _____ es schon.

   Ich glaube, _____ ist weg°.   *gone*

5. MICHAEL: Luisa und Tim, da seid _____ ja! Anna sucht _____.

   LUISA: Warum sucht sie _____ denn?

   MICHAEL: Ich glaube, sie braucht eur_____ Handynummern.

I **Hauptbahnhof Tübingen** Im Tübinger Hauptbahnhof gibt es nicht nur billiges Essen und Geschäfte, sondern auch kulturelle Veranstaltungen. Beantworten Sie die folgenden Fragen. *(The Main Train Station in Tübingen not only offers inexpensive food and shopping but also cultural events. Answer the following questions.)*

HAUPTBahnhof
Gastronomie – Kultur – Shopping

Europaplatz 19
72072 Tübingen

Öffnungszeiten:

Shopping: Täglich von 10.00 – 22.00 Uhr

Kultur: Live-Musik: Freitags ab 17.00 Uhr

Gastro: Täglich von 10.00 – 2.00 Uhr

- Frühstück: Täglich 10.00 – 14.00 Uhr
- Frühstücksbuffet: Sonntags ab 10.00 Uhr
- Durchgehend° warme Küche von 10 bis 24 Uhr   *continuous*
- Täglich wechselndes° Mittagsmenü (auch vegetarisch) von 11.30 bis 15.00 Uhr   *changing*
  - vegetarisch ab € 5,00
  - mit Fleisch ab € 6,00
  - großes Salatbuffet

Cengage Learning

Name _____ Datum _____

1. Was gibt es immer freitags? _____

2. Von wann bis wann gibt es warmes Essen? _____

3. Was kostet ein Mittagessen? _____

4. Gibt es auch Essen ohne Fleisch? _____

5. Wann gibt es ein Frühstücksbuffet? _____

6. Welchen Tag finden Sie persönlich im Hauptbahnhof interessant? Warum? _____

_____

J Weißt du, wo …? Marie ist in ihrem ersten Semester an der Uni Tübingen. Sie möchte ein Seminar in englischer Literatur belegen und sucht die Abteilung für Anglistik. Daniel und Leon kennen die Uni gut. Ergänzen Sie ihr Gespräch mit den richtigen Formen von **wissen** oder **kennen**. *(Marie is in her first semester at the University of Tübingen. She would like to take a seminar in English literature and is looking for the English department. Daniel and Leon know the university well. Complete their conversation with the correct forms of **wissen** and **kennen**.)*

MARIE: Daniel, du _____[1] die Uni doch gut.

_____[2] du, wo die Englische Fakultät ist?

DANIEL: Ich bin nicht sicher, aber ich glaube, sie ist im Brecht-Bau. Du

_____[3] doch den Brecht-Bau, nicht?

LEON: Dort habe ich gleich eine Vorlesung, Marie. Komm doch mit!

Ich _____[4] auch viele Anglistikprofessoren.

Ich habe vielleicht ein paar Tipps für dich. Professor Weyrich ist besonders nett.

MARIE: Ich _____[5] Professor Weyrich nicht, aber ich

_____[6] sein Buch über englische Literatur.

_____[7] ihr, wo die Bibliothek ist? Ich möchte sein Buch gern leihen.

K Viele Fragen Beim Einkaufen hat David viele Fragen an Daniel. Schreiben Sie Daniels Antworten auf. Ersetzen Sie immer das *direkte Objekt* durch das *Personalpronomen*. Folgen Sie dem Beispiel. *(David is shopping and has many questions for Daniel. Write down Daniel's answers. Always replace the direct object with a personal pronoun. Follow the model.)*

▶ Findest du den Supermarkt gut? (Ja)   *Ja, ich finde ihn gut.*

1. Kaufst du das Brot beim Bäcker? (Ja)

_____

2. Nimmst du den Kaffee aus Kolumbien? (Nein)

_____

3. Findest du das Gemüse aus Holland gut? (Ja)

_____

4. Gibst du mir bitte den Geldbeutel°? (Ja) *wall*

_____

5. Bekommst du die Blumen im Supermarkt? (Nein)

_____

6. Isst du die Wurst zum Frühstück? (Nein)

_____

7. Brauchst du die Tabletten gegen Kopfschmerzen? (Ja)

_____

8. Kennst du die Metzgerei bei der Uni? (Nein)

_____

L **Hamburger, Currywurst oder Döner?** Lesen Sie den folgenden Text über Fastfood in Deutschland und beantworten Sie dann die Fragen dazu. Einige dieser Informationen kommen aus der Online-Ausgabe der deutschen Tageszeitung „taz". *(Read the following text on fast food in Germany and answer the questions about it. Some of the information comes from the online edition of the German newspaper "taz.")*

Döner – Ein sehr beliebtes Fastfood

Dave Bartruff/CORBIS

Auch in Deutschland ist Fastfood populär. Hamburger isst man gern bei McDonald's oder bei Burger King. McDonald's ist mit etwa 1.400 Restaurants die Nummer 1 und Burger King mit etwa 700 Restaurants die Nummer 2 in Deutschland. Und dann gibt es natürlich das traditionelle deutsche Fastfood, die Brat- oder Currywurst. Aber seit° ein paar Jahren ist der Döner das Fastfood Nummer 1. Döner – das ist eine Tasche aus Pitabrot, gefüllt mit gegrilltem Fleisch, Zwiebeln°, Tomaten, Salat und Knoblauch°-Joghurtsauce.

since

onions
garlic

Der Döner entstand° vor etwa 160 Jahren° in der Türkei. 1971 machte° der 16jährige Migrant° Mehmet Aygün in Berlin den ersten° Döner und verkaufte° ihn in einer kleinen Imbissbude°.

*originated / **vor ... Jahren:** about 160 years ago / made / immigrant / first / sold / snack stand*

1983 gab° es in Berlin schon etwa 200 Dönerverkaufsstellen°, Ende der 90er-Jahre 1.300. Bald kam° der Döner-Boom auch in andere große Städte wie Frankfurt, Hamburg, Köln und München, dann auch in kleine Städte. Die Deutschen lieben° ihren Döner über alles und pro Jahr isst man in Deutschland etwa 720 Millionen Dönersandwiches. Ein Döner kostet etwa 3,50 – 5,00 € und hat 550 Kalorien. Guten Appetit!

there were / Döner shops and stands / came

love

1. Was für Gemüse braucht man für einen Döner?

   _____

2. Was ist populärer? Döner oder Currywurst?

   _____

3. Wann gab es den ersten Döner in Berlin?

   _____

4. Wer hat ihn gemacht°?   ***hat gemacht:*** *made*

   _____

5. Heute gibt es über 15.000 Dönerverkaufsstellen. Wie viele Dönerverkaufsstellen gab es 1983 in Berlin?

   _____

6. Wie viele Dönersandwiches isst man in Deutschland pro Jahr?

   _____

7. Was kostet ein Döner?

   _____

8. Wie viele Kalorien hat er?

   _____

M Kulturkontraste

1. **Wählen Sie die richtigen Antworten.** Es sind immer zwei Antworten richtig. *(Choose the correct answers. There are always two correct answers.)*

   Im Supermarkt und auf dem Wochenmarkt

   1. Wie sind die Geschäfte in Deutschland?
      a. Bäckereien und Metzgereien sind oft kleine Geschäfte.
      b. Die Leute kaufen nur in großen Einkaufszentren ein.
      c. Es gibt auch große Supermärkte.

   2. Warum kaufen viele Deutsche gern auf dem Markt ein?
      a. Er ist abends immer bis 11 Uhr geöffnet°.   *open*
      b. Da findet man viel Gemüse und Obst.
      c. Dort ist alles ziemlich frisch.

   3. Was ist beim Einkaufen in Deutschland typisch?
      a. Die Leute packen ihre Sachen° selbst ein.   *things*
      b. Oft bringen die Leute ihre Einkaufstasche mit.
      c. Man geht immer mit dem Auto einkaufen.

   Das Brot

   4. Welche Besonderheiten° findet man in Deutschland zum Thema Brot?   *characteristics*
      a. Es gibt etwa 200 verschiedene Brotsorten.
      b. Das deutsche Brot ist meistens eher° hart und dunkel.   *rather*
      c. Die Deutschen essen nur wenig Brot.

Geschäftszeiten

5. Wie sind in Deutschland die normalen Geschäftszeiten?
   a. Sonntags bis 17 Uhr.
   b. Montags bis samstags ab 8.30 oder 9.30 Uhr.
   c. Abends sind viele Geschäfte bis 20 Uhr geöffnet.

Das Frühstück

6. Was essen viele Deutsche zum Frühstück?
   a. Brötchen mit Butter und Marmelade.
   b. Müsli.
   c. Spiegeleier und Toast.

2. **Wie finden Sie das Einkaufen in Deutschland?** Nennen Sie zwei positive Aspekte und zwei nicht so gute Aspekte. *(What do you think of shopping in Germany? Name two positive aspects and two not-so-good aspects.)*

_____

_____

_____

_____

_____

_____

_____

_____

_____

_____

_____

_____

Studieren in Deutschland

KAPITEL 4

A Fragen Davids Freund Mark möchte auch an der Uni Tübingen studieren.
Mark fragt David, Leon und Anna über ihr Studium. Formulieren Sie Marks Fragen.
Benutzen Sie die Stichwörter°.

cues

▶ ihr / möchten / arbeiten / im Sommer / ?   *Möchtet ihr im Sommer arbeiten?*

1. du / mögen / Tübingen / ?

_____

2. ihr / dürfen / machen / im Semester / ein Praktikum / ?

_____

3. Studenten / müssen / schreiben / viele Klausuren / ?

_____

4. man / müssen / schreiben / für jedes Seminar / eine Seminararbeit / ?

_____

5. du / möchten / studieren / in Amerika / ?

_____

6. wir / sollen / gehen / jetzt / in die Bibliothek / ?

_____

B Was machst du gern abends? Leon, Daniel und Anna sprechen darüber,
was sie abends oft machen. Ergänzen° Sie ihr Gespräch mit dem passenden° Verb in
der richtigen Form.

complete / appropriate

fahren   halten   lesen   sehen   werden   wissen

▶ LEON: _____*Liest*_____ du gern Romane, Daniel?

1. DANIEL: Was macht ihr abends immer, Leon und Anna? _____ ihr oft fern?

2. LEON: Nein, ich _____ nicht oft fern. Vom Fernsehen _____

ich immer so müde. Ich _____ aber sehr viel. Krimis mag ich zum

Beispiel sehr gern.

3. **ANNA:** Ich muss immer viel für Deutsch und Englisch _____. Ich

_____ manchmal ganz nervös! Im Literaturstudium muss man so

viele Romane kennen! Und du, Daniel? _____ du manchmal ein

Buch oder _____ du viel fern?

4. **DANIEL:** Ich _____ eigentlich gern fern. _____ ihr

eigentlich, was heute Abend im Fernsehen kommt?

5. **LEON:** Nein, ich _____ es nicht. Und ich spiele auch lieber Gitarre oder

_____ meinen Krimi fertig. Anna, was _____

du eigentlich von Donna Leon? Ihre Krimis finde ich ziemlich gut!

6. **ANNA:** Ich mag sie auch sehr gern. _____ du nicht bald nach Venedig?

Dann _____ du ja, wo Kommissar Brunetti arbeitet!

C **Wer ist denn das?** Sie zeigen einem Freund Fotos von Ihrer Familie. Ihr Freund fragt, wer auf dem Foto ist, und stellt° noch eine weitere Frage über die Person. Sie verneinen° alle Fragen und sagen, wer die Person wirklich ist und was sie/er macht wie in den Beispielen. (Weitere Wörter finden Sie in den *Supplementary Word Sets* auf der *Premium Website*).

stellt eine Frage: a[sks]
question / answe[rs]
the negative

▶ Ist das deine Kusine?   *Nein, das ist meine Tante.*
Ist sie Sozialarbeiterin?   *Nein, sie ist Professorin.*

1. Ist das dein Bruder? _____

   Ist er Ingenieur? _____

2. Das ist deine Mutter, nicht? _____

   Ist sie Spanierin? _____

3. Sind das deine zwei Cousins? _____

   Sind sie Elektriker? _____

4. Ist das dein Onkel? _____

   Ist er Deutscher oder Schweizer? _____

5. Das ist deine Kusine, nicht? _____

   Was will sie werden? _____

D **Wie war dein Wochenende?** Leon und Anna sprechen darüber, wie ihr Wochenende war. Ergänzen Sie ihr Gespräch mit der richtigen Form von **haben** oder **sein** im *Imperfekt°*. *simple past tense*

1. LEON: Na, Anna, wie _____ dein Wochenende? _____ du hier in Tübingen?

2. ANNA: Ja, ich _____ Besuch von meinen Freunden aus Berlin, von Franziska

   und Sebastian. Am Samstagabend _____ wir ein großes Essen hier.

   Schade, und du _____ nicht da!

3. LEON: Ja, ich _____ doch in Freiburg. Mein Freund Paul _____ am

   Samstag Geburtstag. Und er _____ eine große Party in seinem

   Wohnheim°. Es _____ sehr nett! Am Sonntag _____ ich dann aber *dormitory*

   wieder hier. Ich _____ doch noch viel Arbeit für die Uni.

4. ANNA: Ach ja, du _____ heute Morgen doch dein Englisch-Referat, nicht?

5. LEON: Ja, und es _____ sogar° ganz gut! Professor Greiner _____ sehr *in fact*

   zufrieden!

E **In der Mensa (*university cafeteria*)** In der Kaffeepause nach den Seminaren sprechen die Studenten oft über ihre Kurse und Vorlesungen. Ergänzen Sie die folgenden Gespräche mit den passenden **der**-Wörtern° in der richtigen Form. *der-words: dies-, jed-, welch-, manch-, solch-*

▶ SELINA: Wie findest du ___diesen___ Professor für englische Literatur?

   CHARLOTTE: ___Welchen___ Professor meinst du – Thompson oder Baumeister?

1. JAKOB: Viele Studenten machen Germanistik als Hauptfach. Aber

   _____ Studenten nehmen Deutsch nur

   als Nebenfach.

   ANTONIA: Weißt du, was _____ Studenten einmal° *later*

   werden wollen? Als Lehrer° am Gymnasium braucht man doch *teacher*

   Germanistik als Hauptfach.

2. Simone: Ich glaube, ich bereite kein Referat für _____ Seminar vor.

   Nils: Hmmm, ich glaube, _____ Student muss ein Referat vorbereiten.

   Simone: Ach so.

3. Aisha: Findest du _____ Vorlesung in Biochemie auch so schwer?

   Fatih: Ja, aber _____ Fächer sind immer kompliziert.

4. Vanessa: _____ Klausur über deutsche Literatur

   war nicht einfach. Aber Tim hat sicher wieder eine Eins°. *one (the highest gra...*

   _____ Noten möchte ich auch mal haben.

   Annika: Ja, _____ Leute arbeiten wirklich viel für ihr Studium.

F **Musst du arbeiten?** Sarah und Anna sprechen über ihre Hausaufgaben und darüber, was° sie danach° machen wollen. Formulieren Sie ihr Gespräch, indem Sie die Stichwörter benutzen.

darüber, was: abou... what / afterwards

1. was / du / machen / heute Nachmittag / ?

   Sarah: Hallo, Anna. _____

2. ich / müssen / schreiben / einen Artikel für mein Referat

   Anna: _____

   _____ Und du?

3. ich / müssen / lesen / ein Buch für mein Referat

   Sarah: _____

4. aber danach° / wir / können / vielleicht / spazieren gehen *after t...*

   _____

   _____

5. leider / ich / müssen / durcharbeiten / meine Vorlesungsnotizen

   Anna: _____

   _____

6. aber / heute Abend / wir / fernsehen / zusammen

   _____

7. ich / einkaufen / etwas zu trinken

   Sarah: _____

   _____ , okay?

8. ich / mitbringen / ein paar Chips

   Anna: Ja, gut. _____

G **Ferien mit der Familie** Schauen Sie sich° die folgende Anzeige° an und ergänzen Sie die Diskussion der Familie mit den Informationen, die° Sie hier finden.

schauen Sie sich an:
look at / advertisement / which

Ihre Frau möchte Thalasso,° Massagen und Dampfbäder.° Ihr Sohn will Tennis spielen. Ihre Tochter will reiten.° Sie wollen golfen. Jetzt gibt's zwei Alternativen: Familienkrach° oder Land Fleesensee.

treatment that uses sea water and algae to cleanse the body cells
steam baths

ride

family quarrel

Courtesy Fleesensee

VATER: Was sollen wir denn in den Sommerferien machen? Wisst ihr schon, was ihr gern machen wollt?

MUTTER: _____

VATER: _____

TOCHTER: Das ist doch langweilig. Ich _____

SOHN: Das finde ich _____. Ich _____

MUTTER: Seht, hier habe ich noch mehr Informationen über Land Fleesensee.

H **Ich brauche deine Notizen** Sie müssen ein Referat schreiben. Aber gestern waren Sie krank und Sie haben keine Vorlesungsnotizen. Sie wollen Ihre Freundin Lily fragen, ob° Sie ihre Vorlesungsnotizen ausleihen dürfen und ob sie sie morgen mitbringen kann. Schreiben Sie eine E-Mail an Lily.

whether

Liebe Lily,

_____

_____

_____

_____

dein/deine

_____

I An der Uni Heidelberg Ihr Freund Jonathan möchte an einer deutschen Universität Literatur studieren. Sie schauen° zusammen die Kursliste von den deutschen Fakultäten° an. Helfen Sie ihm Kurse zu finden, die vielleicht interessant für ihn sind. Sie müssen nicht jedes Wort verstehen°. Achten° Sie auch auf die Wörter, die° ähnlich° sind wie im Englischen.

schauen an: look at
*deutsche Fakultäten: German department / understand / **achten auf**: pay attention to / that / similar*

VORLESUNGSVERZEICHNIS				
STUDIENBERATUNG°: *Dr. Peter Gebhardt, Raum 026, Do. 11–13 Uhr und n. V.°*				
ALLGEMEINE° UND VERGLEICHENDE° LITERATURWISSENSCHAFT°				
V	Theater des 20. Jahrhunderts, 2st.° Prof. Harth		Di	11.00–13.00 NUni HS 10
OS	Die großen Filmregisseure° (II): Cocteau, Greenaway, Lynch, 4st. Prof. Gerigk, Dr. Hurst		Mi	10.00–21.00 PB SR 137
HpS	Komparatistische Forschungen°. Literatur und Musik, 2st. Prof. Harth		Mo	16.00–18.00 PB 133
HpS	Literatur und Holocaust 2st.		Mo	9.00–11.00 PB 038

*advisor / **nach Vereinbar** by appointment*

general / comparative / literary studies

***2 stündig:** 2 credits*

film directors

research

1. Jonathan geht gern ins Theater. Welche Vorlesung kann er besuchen°?

   attend

   _____

2. Wann ist diese Vorlesung und wie heißt der Professor?

   _____

   _____

3. Welchen Kurs gibt es über Filme?

   _____

4. Welches Seminar finden Sie interessant?

   _____

5. An welchem Tag ist das Seminar und wer ist der Professor?

   _____

J Als Student in Berlin Alberto, 26, kommt aus Rom und er studiert Geschichte an der McGill Universität in Montreal. Nun ist er für ein Semester an der TU° in Berlin, *Technische Universität* um dort an seiner Doktorarbeit zu arbeiten. Er erzählt von seinem Leben in Berlin.

auremar/Shutterstock.com

„Ich wohne hier mit drei anderen ausländischen Studenten in einer Wohnung°. *apartment* Wir verstehen uns° sehr gut und machen *verstehen ... get along* viel zusammen. Manchmal ist es in unserer Küche° etwas chaotisch, weil jeder *kitchen* von uns etwas anderes isst. Besonders unterschiedlich° ist das, was wir zum *different* Frühstück essen. Ich habe morgens noch keinen großen Hunger und esse meistens nur Cornflakes mit Milch und trinke ein Glas Orangensaft. Auch das Frühstück von Céline, unserer französischen Mitbewohnerin°, ist *housemate* ziemlich spartanisch und einfach: Sie isst ein Croissant und trinkt dazu einen Milchkaffee. Aber Yung, unser chinesischer Mitbewohner, der isst morgens um sieben Uhr schon eine große Portion Nudeln mit Fisch. Mir wäre das, glaube ich, zu viel. Aber gesund ist es wohl!

Mittags esse ich meistens in der Mensa° an der Universität. Das Essen dort ist *university cafeteria* eigentlich ziemlich gut und billig. An der Uni in Montreal kostet das gleiche Mensaessen sicher viermal so viel. Es gibt hier oft auch typisch deutsches Essen, das mir gut schmeckt°. Besonders gern mag ich Sauerkraut mit *tastes* Kartoffelpüree° und Bratwürsten. Wirklich lecker°! Abends, wenn ich aus der *mashed potatoes / delicious* Bibliothek komme, esse ich oft einen Döner. Berlin ist bekannt für die guten Döner, die man an jeder Ecke° bekommt. Wenn ich mit Freunden ausgehe, *corner* gehen wir gerne asiatisch essen – zum Beispiel japanisch und chinesisch. Am Wochenende waren wir in einem schönen thailändischen Restaurant, das auch gar nicht teuer ist. Ich gehe eigentlich nie italienisch essen, weil das in Italien natürlich viel besser schmeckt. Ist doch klar! Was ich in Deutschland vermisse°? Hm, vielleicht einen richtig guten Cappucino oder Espresso!" *miss*

1. Was macht Alberto in Berlin?

_____

_____

2. Wo wohnt er und wie gefällt es ihm da?

_____

_____

3. Woher kommen seine Mitbewohnerin und sein Mitbewohner?

_____

4. Wie sieht sein Frühstück aus? Was trinkt und isst er morgens?

_____

5. Was essen und trinken Céline und Yung zum Frühstück?

_____

_____

6. Wie findet Alberto das Mensaessen in Berlin? Und in Kanada?

_____

_____

7. Was isst Alberto gerne? Nennen Sie ein paar Gerichte°, die er mag.   *dishes*

_____

_____

_____

K Kulturkontraste

Sie wollen nächstes Jahr nach Deutschland, Österreich oder in die Schweiz reisen. Dafür sammeln° Sie Informationen über kulturelle Unterschiede° zwischen diesen Ländern und Ihrem Land. Markieren Sie, ob die folgenden Aussagen **richtig** oder **falsch** sind.   *gather/ differences*

1. **Hochschulen.** Welche Definition passt zu welcher Kursart°?   *type of course*

   a. _____ Es gibt keine Klausuren und keine Tests.   i. Seminar

   b. _____ Man diskutiert viel und die Studenten halten ein   ii. Übung

   Referat oder schreiben eine Seminararbeit.   iii. Vorlesung

   c. _____ Man hat Hausaufgaben und am Ende gibt es

   einen Test.

2. **Finanzen und Studienplätze.** Lesen Sie die folgenden Aussagen° über deutsche Universitäten und markieren Sie, ob sie richtig oder falsch sind.   *statements*

	Richtig	Falsch
a. Für ein Studium an einer Uni braucht man das Abitur.	☐	☐
b. Alle deutschen Studenten müssen Studiengebühren bezahlen.	☐	☐
c. Für manche Studienfächer wie z. B. Medizin braucht man sehr gute Noten.	☐	☐

3. **Schule, Hochschule, Klasse, Student.** Welcher Begriff im Englischen passt zu dem Begriff im Deutschen?

   _____ 1. *1ˢᵗ grade (in school)*   a. der Deutschkurs

   _____ 2. *freshman (university)*   b. die Deutschstunde

   _____ 3. *German class (in school)*   c. erste Klasse

   _____ 4. *German class (at university)*   d. das erste Semester

   _____ 5. *student (school)*   e. die Hochschule

_____ 6. *student (university)*   f. die Höhere Schule (das Gymnasium)

_____ 7. *high school*   g. der Schüler/die Schülerin

_____ 8. *university*   h. der Student/die Studentin

4. Das Schulsystem in Deutschland. Auf welcher Schule war die Person mit diesem Beruf wohl? Schreiben Sie vor die Berufe jeweils die Abkürzung°.   *abbreviation*

Hauptschule (H)   **Realschule (R)**   **Gymnasium (G)**

a. _____ Arbeiter/Arbeiterin

b. _____ Architekt/Architektin

c. _____ Krankenpfleger/Krankenpflegerin°   *nurse*

d. _____ Mathematikprofessor/Mathematikprofessorin

e. _____ Grafik-Designer/Grafik-Designerin

f. _____ Bäcker/Bäckerin

KAPITEL 5

Österreich

A Pläne Anna geht in den Semesterferien nach Österreich. Sie spricht mit Daniel über ihre Pläne. Ergänzen Sie ihr Gespräch mit den richtigen *Artikeln* und *Präpositionen*.

▶ DANIEL: du / haben / Pläne / für / Ferien / ?   *Hast du Pläne für die Ferien?*

  ANNA: ja, / ich / fahren / nach / Österreich

  _____

  DANIEL: du / fahren / mit / Zug / ?

  _____

  ANNA: nein, / ich / fliegen

  _____

  DANIEL: wann / du / kommen / wieder / Hause / ?

  _____

  ANNA: ich / wissen / es / noch nicht

  _____

B Haupt- und Nebensätze David und Leon telefonieren. Unterstreichen° Sie in den folgenden Sätzen jeden *Hauptsatz*° einmal und jeden *Nebensatz*° zweimal.

underline

independent clause / dependent clause

▶ <u>Weißt du,</u> <u><u>dass Anna in den Ferien nach Österreich fährt?</u></u>

1. Fährt sie denn mit dem Zug oder fliegt sie?

2. Ich glaube, dass sie mit dem Zug fahren will.

3. Das ist sicher schön, weil sie dann viel vom Land sieht.

4. Ich hoffe, dass du heute noch vorbeikommen kannst.

5. Wenn Daniel mir sein Auto leiht, komme ich gegen drei Uhr.

6. Um vier ist besser, denn ich muss noch in die Bibliothek.

7. Ich möchte ja gern kommen, aber um vier habe ich leider eine Vorlesung.

C **Ungarn** Ilona wohnt in Ungarn. Ergänzen Sie die Sätze mit **aber** oder **sondern**.

1. Ilonas Großeltern kommen nicht aus Ungarn, _____ aus Österreich.

2. Ilona kann den österreichischen Dialekt verstehen, _____ sie kann ihn

   nicht gut sprechen.

3. Ihre Tante wohnt noch in Wien, _____ ihr Cousin wohnt jetzt in der

   Schweiz.

4. In den Ferien arbeitet Ilona nicht in Budapest, _____ sie fährt nach

   Wien und nach Salzburg.

D **Studium in England** Leon möchte nächstes Jahr in London studieren.
Suchen Sie für jeden Satz 1–6 eine passende° Ergänzung° aus der Liste. Verbinden° *appropriate /*
Sie die beiden Satzteile° mit den *Konjunktionen* **dass, wenn** oder **weil**. *completion / Connect / parts of the sentence*

> Er findet Busfahren zu teuer.
> Er kann in England studieren.
> Er braucht Geld.
> Er macht ein gutes Examen.
> Er möchte besser Englisch lernen.
> Er hat genug Geld.
> Er will in Tübingen sein Examen machen.

► Leon jobbt im Sommer.   *Leon jobbt im Sommer, weil er Geld braucht.*

1. Er geht jetzt immer zu Fuß.

   _____

2. Im Herbst studiert er in London.

   _____

3. Es ist toll.

   _____

4. Er bleibt ein ganzes Jahr.

   _____

5. Nach dem Jahr in London kommt er nach Tübingen zurück.

   _____

6. Er findet vielleicht einen guten Job bei einer Exportfirma.

   _____

E **Akkusativ und Dativ** Identifizieren Sie in jedem der folgenden Sätze das *Subjekt,* das *indirekte Objekt* und das *direkte Objekt* und schreiben Sie es in die folgende Tabelle. Nicht jeder Satz hat ein indirektes Objekt.

Sachertorte (*famous Viennese cake*)

1. Meine Mutter bringt mir aus Wien eine Sachertorte mit.

2. Hmm, darf ich die Torte dann auch versuchen?

3. Vielleicht kann meine Mutter dir ja auch eine Torte schenken?

4. Aber nein, ich zahle sie ihr natürlich zurück.

Der österreichische Dialekt

5. Ein Deutscher fragt eine Österreicherin etwas über die österreichische Politik.

6. Sie beantwortet ihm seine Fragen.

7. Doch leider kennt der Deutsche den österreichischen Dialekt nicht gut.

8. Ein Freund erklärt ihm alles.

Subjekt	Indirektes Objekt	Direktes Objekt
1. _____	_____	_____
2. _____	_____	_____
3. _____	_____	_____
4. _____	_____	_____
5. _____	_____	_____
6. _____	_____	_____
7. _____	_____	_____
8. _____	_____	_____

F **Gespräche** Leon geht für ein Jahr zum Studium nach England. Er gibt seinen Freunden ein paar Sachen°. Ergänzen Sie die Sätze mit den Stichwörtern im richtigen Fall°.

things
case

▶ dein Bruder / deine Bücher / du (2x)

ANNA: Was machst du mit _____ *deinen Büchern* _____? Gibst du sie _____ *deinem Bruder* _____?

LEON: Nein, er hat schon so viele Bücher. Ich kann sie gern _____ *dir* _____ geben. Möchtest du sie?

ANNA: Toll, ich danke _____ *dir* _____.

1. ich / mein Fahrrad / sie

DANIEL: Kannst du _____ dein Fahrrad leihen? Mein Fahrrad ist so alt und klapprig°.

rickety

LEON: Leider nicht. Meine Schwester braucht es wieder. Ich muss es _____ zurückgeben.

DANIEL: Oh je, dann muss ich weiter mit _____ fahren.

2. ich (2x) / ihr / sie

ANNA: Kaufst du in London eigentlich ein Bett und einen Schreibtisch?

LEON: Ich weiß noch nicht. London ist sehr teuer. Ich hoffe, dass meine Eltern _____ ein bisschen Geld geben.

ANNA: Aber wahrscheinlich musst du es _____ dann wieder zurückzahlen.

LEON: Daniel und Anna, braucht ihr eigentlich Pflanzen? Ich schenke sie _____.

DANIEL: Nein, danke, ich brauche keine. Zu viel Arbeit!

ANNA: Aber ich nehme deine Pflanzen gern. Sie gefallen _____ sehr gut.

3. du / ich / ihr / wir

ANNA UND DANIEL: Leon, du gibst _____ so viele Dinge. Wir schreiben _____ dann auch jeden Tag eine E-Mail nach London.

LEON: Das glaube ich _____ nicht. Aber es ist schon toll, wenn ihr _____ einmal im Monat schreibt.

Name _____ Datum _____

G **Geschenke** Anna, Franziska und Sebastian sehen sich einen Katalog an und sprechen darüber, was sie wem schenken können. Formulieren Sie die Fragen mit den Stichwörtern im richtigen Fall. Ersetzen° Sie in den Antworten beide *Objekte* durch *Pronomen*.

replace

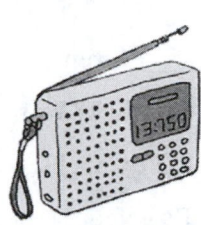    

16,90 €   13,99 €   19,90 €   98,00 €

▶ —Franziska und Sebastian, schenkt ihr __euren__ __Eltern__ das Buch über Spanien? (eure Eltern)

▶ —Ja, wir schenken __es__ __ihnen__ . Sie fahren doch im Sommer nach Barcelona.

1. —Anna, kaufst du _____ _____

   _____ die CD von Coldplay? (dein Freund Daniel)

   —Nein, ich schenke _____ _____ besser nicht. Er

   hat diese CD sicher schon.

2. —Sebastian, möchtest du _____ _____ nicht diese

   Uhr kaufen? (deine Freundin)

   —Doch, ich möchte _____ _____ gern kaufen, aber

   leider ist sie _____ zu teuer.

3. —Schenkst du _____ _____ dieses Radio, Anna?

   (deine Großeltern)

   —Ja, ich kaufe _____ _____ . Aber ich glaube,

   meine Eltern müssen _____ bezahlen. Ich habe im Moment kein Geld.

H **Eine E-Mail** David besucht seine Familie in den USA. Er schreibt eine E-Mail an Anna. Mit den Präpositionen hat er noch Probleme. Ergänzen Sie seine E-Mail mit den passenden *Präpositionen*.

aus   außer   bei (*2x*)   mit   nach   seit   von   zu

Hallo Anna,

wie geht es dir allein in Tübingen? Daniel und Leon sind auch _____[1] ihren

Eltern zu Hause, nicht? Sind _____[2] dir viele Studenten in der Bibliothek? Was

macht dein Referat? Ich bin _____[3] einer Woche in Boston. Und heute möchte

ich dir schnell eine Mail _____[4] dieser schönen Stadt schreiben. Es gefällt

mir sehr hier. Morgen fahre ich _____[5] meinem Freund Jeff nach Maine. Wir

wohnen dort _____[6] meiner Tante in Bar Harbor. Am Wochenende fahren

wir dann _____[7] meinen Großeltern nach New York. Und am Montag fliege

ich wieder _____[8] Stuttgart. Am Dienstag können wir dann zusammen in die

Bibliothek gehen.

Viele Grüße

_____[9] deinem Freund David

I **Stadt, Land, Fluss°** Identifizieren Sie die beiden Flüsse und die acht Städte auf der   *river*

Landkarte° von Österreich. Schauen Sie auch die Landkarte in Ihrem Buch an.   *map*

Flüsse	Städte	
a. _____	1. _____	5. _____
b. _____	2. _____	6. _____
	3. _____	7. _____
	4. _____	8. _____

J **Schubert und Mozart** Lesen Sie den Text und beantworten Sie die Fragen.

Für viele Leute gehören° Österreich und Musik zusammen. Im Sommer kann man in Österreich „Musikferien" machen, denn es gibt jeden Sommer über 50 Festspiele°, bekannte und nicht so bekannte, vom Bodensee im Westen bis zum Neusiedler See im Osten. Es gibt Oper, Operette und Musical, Ballett und Konzerte mit klassischer und moderner Musik.

gehören zusammen: belong together

festivals

In Hohenems bei Bregenz gibt es jeden Sommer die „Schubertiade", ein Musikfest° für die Musik von Franz Schubert (1797–1828). Schubert ist durch seine Lieder°, Sinfonien, Kammermusik° und Klavierstücke° bekannt. Aber besonders wichtig sind seine Lieder. Es gibt über 600 von ihm.

music festival
songs
chamber music / piano pieces

Schubert war in seinem Leben° nicht sehr erfolgreich° und hatte immer wenig Geld. Er wohnte° oft bei Freunden. Hier und da arbeitete° er als Klavierlehrer°. In seinem ganzen Leben hatte er aber kein eigenes° Klavier.

life / successful
lived / worked / piano teacher / own

Man erzählt von ihm diese Anekdote: Einmal° will ein Freund mit ihm ins Kaffeehaus gehen, aber Schubert kann keine Strümpfe° ohne Löcher° finden. Er sucht und sucht und sagt endlich: „Es scheint°, dass man in Wien die Strümpfe nur mit Löchern fabriziert."

one day
stockings / holes
seems

Die Salzburger Festspiele sind vor allem° Mozartfestspiele. Wolfgang Amadeus Mozart (1756–1791) ist in Salzburg geboren°. Er ist für fast alle Bereiche° der° Musik sehr wichtig. Seine Opern gehören zum internationalen Repertoire.

above all
born / areas / of

Die großen Orchester spielen seine Sinfonien. Immer wieder° gibt es neue Interpretationen von seinen Serenaden, von seinen Klavier-° und Violinkonzerten° und von seinen Sonaten.

immer wieder: again and again / piano **Konzert:** *concerto*

Von dem großen Beethoven (1770–1827) gibt es eine kleine Geschichte zu° Mozarts Musik: Beethoven geht mit dem bekannten Pianisten Cramer durch einen Park. Da spielt man Mozarts Klavierkonzert in c-Moll°. Bei einem bestimmten Motiv bleibt Beethoven stehen°, hört eine Weile zu° und sagt dann: „Cramer, solche Musik werde ich in meinem Leben nicht zustande bringen°."

about

C minor
bleibt stehen: *stops /* **hört zu:** *listens /* **solche …** *I will not achieve such music in my lifetime*

1. Warum kann man in Österreich besonders gut Musikferien machen?

   _____

   _____

2. Was für Musik gibt es bei den Festspielen?

   _____

   _____

3. Welche Musik von Schubert ist besonders bekannt?

_____

4. Warum kann Schubert keine Strümpfe ohne Löcher finden?

_____

5. Wo ist Mozart geboren?

_____

6. Für welche Bereiche der Musik ist Mozart wichtig? Nennen° Sie drei.   *name*

_____

_____

7. Wie findet Beethoven Mozarts Musik?

_____

_____

K **Egon-Schiele-Museum** Der österreichische expressionistische Maler Egon
Schiele (1890–1918) ist ein bedeutender° Maler des 20. Jahrhunderts. Lesen Sie die   *significant*
Anzeige° für das Egon-Schiele-Museum und beantworten Sie die folgenden Fragen.   *ad*

Öffnungszeiten:
Montag: geschlossen
Dienstag – Sonntag: 9–12 und 14–18 Uhr

Anreise:
Mit der Bahn – Schnellbahn S40
(30 Minuten)
Mit dem Auto – Donauuferautobahn A22
(Fahrzeit circa 30 Minuten)

Donaulände 28   3430 Tulln

Über 90 Originalwerke und Dokumentationen
Ausstellungsinformation: http://www.egon-schiele.eu

Name _____ Datum _____

1. Wo ist das Egon-Schiele-Museum?

   _____

2. Wann ist das Egon-Schiele-Museum nicht geöffnet?

   _____

3. Wie lange fährt man von Wien bis zum Museum?

   _____

4. Wie viele Bilder von Schiele gibt es dort?

   _____

5. Wo gibt es Informationen zu den Ausstellungen?

   _____

L Kulturkontraste

1. **Österreich und seine Künstler. Was passt?** Lesen Sie die Namen auf der linken Seite und verbinden Sie sie mit den passenden Themen auf der rechten Seite.

   _____ a. Franz Werfel   i. viele Kompositionen, z. B. Opern,
                                       Sinfonien, Klavierkonzerte
   _____ b. Wolfgang Amadeus Mozart   ii. Nobelpreis für Literatur 2004
   _____ c. Johann Strauß (junior)   iii. *Die vierzig Tage des Musa Dagh*
   _____ d. Elfriede Jelinek   iv. Walzer „An der schönen blauen Donau"

2. **Das Kaffeehaus.** Lesen Sie die folgenden Aussagen über das Kaffeehaus und markieren Sie, ob sie **richtig** oder **falsch** sind.

	Richtig	Falsch
a. Hier kann man Kaffee trinken, gute Kuchen essen und Zeitung lesen.	_____	_____
b. Kaffeehäuser gibt es seit etwa 20 Jahren.	_____	_____
opens c. Das Kaffeehaus öffnet° abends erst um 20 Uhr.	_____	_____
d. Kaffeehäuser haben in Wien eine lange Tradition.	_____	_____
e. In Kaffeehäusern sieht man fast nur junge Leute.	_____	_____

3. **Salzburg.** Ihre Eltern schenken Ihnen einen Kurztrip nach Salzburg. Was können Sie dort machen? Nennen° Sie zwei Dinge.   *name*

   _____

   _____

4. **Öffentliche Verkehrsmittel.** Philip wohnt in der Nähe von Stuttgart. Am Freitag möchte er seinen Onkel besuchen. Der Onkel wohnt in einem kleinen Dorf bei Salzburg. Philip hat zwar ein Auto, aber er fährt lieber mit dem Zug. Denn Benzin ist teuer und weil Philip Student ist, ist seine Zugkarte billiger. Es ist auch besser für die Umwelt, wenn man mit öffentlichen Verkehrsmitteln fährt. Außerdem sind am Freitagnachmittag die Straßen immer sehr voll und es gibt viele Staus. Philip fährt mit der S-Bahn zum Hauptbahnhof in Stuttgart. Dort nimmt er den ICE – der ICE fährt sehr schnell und nach etwa vier Stunden ist er in Salzburg. Philip kann im Zug noch an seinem Referat arbeiten. In Salzburg nimmt er einen Bus in das kleine Dorf, wo sein Onkel wohnt.

Frage: Was denken Sie? Warum nehmen die Leute in deutschsprachigen Ländern gerne öffentliche Verkehrsmittel? Nennen Sie drei Gründe.

_____

_____

_____

_____

_____

_____

_____

In der Freizeit

A Wie war der Samstagabend? Sarah, Felix und Daniel sprechen darüber, was sie am Samstagabend gemacht haben. Benutzen Sie die Stichwörter und geben Sie ihr Gespräch im *Perfekt* wieder.

▶ wir / am Samstagabend / Leons Band / hören
SARAH: *Wir haben am Samstagabend Leons Band gehört.*

1. das Konzert / euch / gefallen / ?

   DANIEL: _____

2. ja, / die Band / toll / spielen

   FELIX: _____

3. was / du / machen / ?

   SARAH: _____

4. ich / den ganzen Abend / am Computer / sitzen

   DANIEL: _____

5. du / viel / für deine Prüfungen / arbeiten / ?

   FELIX: _____

6. ich / im Internet / surfen

   DANIEL: Ach nein, leider nicht. _____

B Was haben Sie als Kind (nicht) gern gemacht? Markieren Sie, was Sie als Kind gern oder nicht gern gemacht haben.

	gern	nicht gern
→ *Fisch essen*		✓
1. Sport treiben		
2. früh aufstehen		
3. Comics lesen		
4. Rad fahren		
5. zur Schule gehen		

Bilden° Sie nun ganze Sätze im *Perfekt*.   *form*

▶ *Ich habe nicht gern Fisch gegessen.*

1. _____

2. _____

3. _____

4. _____

5. _____

C **Das hat Selina heute gemacht** Ergänzen Sie im *Perfekt*, was Selina heute
gemacht hat. Benutzen Sie bestimmte Uhrzeiten° oder allgemeine° Zeitausdrücke°
wie morgens, nachmittags, abends, dann, danach). (Benutzen Sie die Bilder.)

times of the day /
general / time
expressions

aufstehen   fernsehen   ihr Referat vorbereiten
mit ihren Freunden sprechen   zur Universität gehen

▶ *Sie ist um 7.50 Uhr aufgestanden.*
Or: *Um 7.50 Uhr ist sie aufgestanden.*
Or: *Morgens ist sie früh aufgestanden.*

1.

_____

_____

2.

_____

_____

3.

_____

_____

4.

_____

_____

D **Das Spiel** Felix macht° bei einem Fußballspiel mit. Setzen Sie die Sätze ins *Perfekt*. **macht mit:** *participates*

▶ Daniel ruft mich um elf an.   *Daniel hat mich um elf angerufen.*

1. Ich mache gerade° Pläne für den Nachmittag. *just*

_____

2. Das Spiel interessiert mich sehr.

_____

3. Aber ich spiele ziemlich schlecht.

_____

4. Leider fotografieren meine Freunde mein Spiel.

_____

5. Das gefällt mir nicht.

_____

6. Nach dem Spiel feiern wir.

_____

E **Einkaufsbummel** Sie und eine Freundin/ein Freund schauen sich die Schnäppchen° bei Hammacher an. Schreiben Sie ein Gespräch zwischen Ihnen und Ihrer Freundin/Ihrem Freund. Benutzen Sie den Dialog als Vorbild° oder formulieren Sie Ihr eigenes° Gespräch.

bargains
model
own

HAMMACHER
Mode und Sport

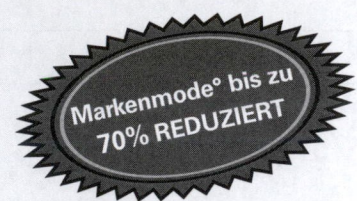

Overath
Hauptstraße 101
Gegenüber ALDI
Kostenlose Parkplätze

Markenmode° bis zu 70% REDUZIERT

brand name fashion

Diese Woche im Angebot°:

special offerings

Damen

Damenhosen (versch. Größen°)	~~€49,00~~
	jetzt **€19,90**
Damen Jeans, slim fit, stretch, skinny (blau, schwarz)	~~€61,00~~ **€29,00**
Jogginghosen (M, L)	**€15,00**
Blusen (7/8 Arm, Saisonfarben)	**€7,95**
T-Shirt (V-Ausschnitt°, versch. Farben, 100% Baumwolle°, Größen S, M, L)	**€7,95**
Rollkragenpullover° (100% Baumwolle, Größen S, M, L)	**€5,50**
Inline Skates (Restgrößen)	**€15,0**

Herren

Herren Jeans (versch. Größen)	~~€59,00~~
	jetzt **€34,95**
Herren Hosen (Cargo, Größen 32–42)	**ab €29,00**
Polohemden/T-Shirts (100% Baumwolle, Größen M, L, XL, XXL)	~~€29,00–39,00~~ jetzt **€12,95–19,95**
Herren Shorts	**ab €19,95**
Herren Hemden (1/2 Arm, Größen M, L, XL, XXL)	**€15,00**
Marken T-Shirts (100% Baumwolle, Größen M, L, XL, XXL)	**€9,95**

versch. ... sizes

neckline
cotton

turtle-neck sweater

Cengage Learning

▶ JENNIFER: *Ich brauche eine Jeans.*
   CHIARA: *Hier gibt es Jeans – die kosten nur noch 29,00 €.*
   JENNIFER: *Das ist aber billig. Was haben die denn vorher° gekostet?* *previously*
   CHIARA: *Sie haben 61,00 €. gekostet. Und die sind schön.*
   JENNIFER: *Ja, finde ich auch. Ich glaube, ich möchte eine Jeans in schwarz, nicht in blau. ...*

SIE: _____

IHRE FREUNDIN/IHR FREUND: _____

_____

SIE: _____

_____

Name _____ Datum _____

IHRE FREUNDIN/IHR FREUND: _____

SIE: _____

F **Ein Abend bei uns** Franziska erzählt, was sie, Sebastian und ihre Kusine Nina an einem Samstag gemacht haben. Setzen Sie das Gespräch ins *Perfekt*.

▶ Unsere Kusine Nina besucht uns, weil ihre Eltern nach Österreich fahren.
Unsere Kusine Nina hat uns besucht, weil ihre Eltern nach Österreich gefahren sind.

1. Weil es regnet, machen wir keine Fahrradtour nach Potsdam.

   _____

2. Sebastian faulenzt den ganzen Samstag, denn er kommt Freitagabend spät nach Hause.

   _____

3. Nina und ich sehen fern, obwohl wir die Sendung langweilig finden.

   _____

4. Dann bestellen° wir eine Pizza, weil wir zu müde zum Kochen sind.   *order*

   _____

5. Sebastian isst nichts, denn er schläft schon.

   _____

G **Wie war es bei dir?** Wählen° Sie einen der folgenden Tage und beschreiben   *Choose*
Sie, was Sie da gemacht haben. Schreiben Sie fünf Sätze.

an Chanukka   an deinem Geburtstag   am Muttertag
am Silvesterabend   am Valentinstag   an Weihnachten

▶ *An meinem Geburtstag habe ich morgens lange geschlafen. Um elf Uhr habe ich mit einer Freundin in einem Café gefrühstückt. Danach haben wir für meine Party abends eingekauft und wir haben das Essen vorbereitet. Abends um acht sind die Gäste gekommen. Wir haben gegessen und getrunken und getanzt. Manche Gäste sind bis morgens um drei geblieben.*

_____

_____

_____

_____

„Alle gehen in ihr Zimmer, schließen die Tür und tun eine oder eineinhalb Stunden, was sie wollen. Unsere eine Tochter will Musik hören. Unsere andere Tochter will fernsehen. Meine Frau will lesen. Ich will etwas schlafen. So verbringen° wir alle einen sehr schönen Sonntagnachmittag", erzählt Dr. Feldgen vom Institut für Freizeitforschung° in Hamburg.

spend
research on leisure

Man möchte fragen: „Ja und? Ist das etwas Besonderes?" Nach° Dr. Feldgen, ja. Viele Leute finden nämlich, dass Freizeit ein Problem ist. In den meisten Familien wollen die Menschen vor allem° zwei Dinge. Sie wollen Kontakt mit anderen, wollen etwas zusammen machen. Sie wollen aber auch allein sein, weg von den anderen. In diesem Dilemma ist Fernsehen oft der einzige Ausweg°. Man weiß nicht, was man machen soll. So sieht man eben° fern. Wenn der Fernseher kaputt ist, gibt's eine Familienkrise.

according to

above all

way out
simply

Für viele ist Freizeit keine freie Zeit. Am Wochenende machen sie Hausarbeit, waschen das Auto oder arbeiten im Garten. Für diese Aktivitäten gibt man seine freie Zeit auf°. Oder man macht einen großen Plan für die ganze Familie. Dieser Plan soll dann alle in der Familie zufrieden stellen°. Statt° Zufriedenheit° gibt's aber oft Unzufriedenheit, Frustration, Aggression, Stress.

gibt auf: *give up*
zufrieden stellen:
satisfy / instead of
satisfaction

Für viele ist Freitag der schönste° Tag der Woche. Man denkt daran, was man am Wochenende machen kann. Die Wirklichkeit ist dann aber oft gar nicht so schön. Warum? Dr. Feldgen sagt: „Weil wir nicht gelernt haben, was wir brauchen. Wir brauchen freie Zeit für persönliche Wünsche. Wir brauchen freie Zeit für Kontakt mit anderen. Und wir brauchen freie Zeit, nichts zu tun, ohne Langeweile° und ohne Schuldgefühle°."

the best

boredom / feelings of
guilt

1. Warum ist der Sonntagnachmittag für alle in Dr. Feldgens Familie sehr schön?

_____

2. Warum ist „ein schöner Sonntagnachmittag" für viele Leute ein Problem?

_____

3. Was wollen die Menschen in den meisten Familien?

_____

4. Warum sehen viele Menschen am Wochenende oft fern?

_____

5. Was machen viele Leute am Wochenende?

_____

6. Warum ist für viele Freitag der schönste Tag der Woche?

_____

I **Was machen Sie in Ihrer Freizeit?** Schreiben Sie fünf ganze Sätze, was Sie gerne in Ihrer Freizeit machen. Unten° finden Sie Ideen. Sie können auch die *Supplementary Word Sets* auf der *Premium Website* benutzen.

below

Zeitausdrücke°: Benutzen Sie die Zeitausdrücke am Satzanfang°.
am Wochenende   samstags   sonntags   morgens   nachmittags   abends

time expressions / beginning of sentence

Aktivitäten: Musik hören   fernsehen   Computerspiele (Videospiele, Karten, Golf, Tennis, Basketball) spielen   auf Facebook chatten   twittern SMS schreiben   inlineskaten gehen   Fitnesstraining machen schwimmen   wandern   Freunde besuchen/einladen   ins Restaurant (Kino, Theater, Konzert, Museum) gehen   in die Kneipe/Disko gehen zum Einkaufszentrum° gehen   spät aufstehen   faulenzen

shopping center

In meiner Freizeit _____

_____

_____

_____

_____

_____

_____

J **Kulturkontraste**

Richtig oder falsch? Sie wollen nächstes Jahr nach Deutschland, Österreich oder in die Schweiz reisen. Dafür sammeln° Sie Informationen über kulturelle Unterschiede° zwischen diesen Ländern und Ihrem Land. Markieren Sie, ob die folgenden Aussagen **richtig** oder **falsch** sind.

gather
differences

		Richtig	Falsch	
1.	**Freizeit**			
	a. Bei deutschen Firmen bekommt man normalerweise° drei Wochen Urlaub pro Jahr.	_____	_____	*normally*
	b. Viele Firmen bezahlen an ihre Angestellten° ein Urlaubsgeld° von mehreren hundert Euro.	_____	_____	*white-collar workers / vacation pay*
	c. In Österreich und in der Schweiz haben die Angestellten nicht so viel Urlaub wie in Deutschland.	_____	_____	

		Richtig	Falsch	
2.	**Feiertage**			
	a. In Deutschland hat man an Weihnachten° zwei freie Tage.	_____	_____	*Christmas*
	b. Die Österreicher feiern ihren Nationalfeiertag am 3. Oktober.	_____	_____	
	c. Im Jahre 1291 schlossen die Kantone Schwyz, Uri und Unterwalden einen Bund°.	_____	_____	*schlossen ... einen Bund: made a pact*

		Richtig	Falsch	
3.	**Der deutsche Film**			
	a. Während des Nationalsozialismus emigrierten° viele deutsche und österreichische Regisseure° nach Italien.	_____	_____	*emigrated* *film makers*
	b. Der Film „Lola rennt" gewann° 1998 den Oscar.	_____	_____	*won*

	Richtig	Falsch

c. Die Regisseure Wim Wenders und Rainer Werner Fassbinder sind Repräsentanten des Neuen Deutschen Films. _____ _____

d. Der Film „Das Leben der Anderen" gewann 2007 den Oscar. _____ _____

4. Der Führerschein

a. Den Führerschein macht man in Deutschland mit 15 Jahren. _____ _____

b. Für den Führerschein muss man eine private Fahrschule besuchen. _____ _____

c. Dort muss man eine praktische und eine theoretische Prüfung° machen. _____ _____ °*test*

d. Auf deutschen Autobahnen müssen alle Autofahrer° eine Gebühr° bezahlen. _____ _____ °*drivers* °*fee*

Die liebsten Freizeitaktivitäten der Deutschen

SEID BERIESELT,° °*inundated*

MILLIONEN

Der Deutschen liebste Freizeit-beschäftigung° ist mit Abstand° die Glotze° °*leisure activity / by far* °*tube (TV)*

Mache ich regelmäßig:° (Angaben in Prozent) °*regularly*

Fernsehen	**74,4**
Radio hören	**59,7**
Zeitung lesen	**56,3**
zu Hause gemütlich entspannen°	**47,2**
Zeitschriften/Illustrierte lesen	**39,1**
kochen	**34,9**
Sport treiben	**33,2**

°*relax*

Adapted from http://www.imuk.de/tdw.html

Basis: 20 260 Personen, repräsentativ für die Gesamtbevölkerung
Quelle: TdW Intermedia 2001/2

a. Die liebste Freizeitaktivität der Deutschen ist _____.

b. Sind die drei liebsten Freizeitaktivitäten der Deutschen aktiv oder passiv? _____

c. Welcher Prozentsatz der Deutschen liest als Freizeitaktivität Zeitung? _____

d. Welche Freizeitaktivität ist am wenigsten beliebt? _____

K **Meine beliebtesten Freizeitaktivitäten** Machen Sie eine Liste Ihrer vier beliebtesten Freitzeitaktivitäten und sagen Sie bei jeder Aktivitität, warum Sie diese Aktivitität gern machen.

_____

_____

_____

_____

_____

_____

_____

_____

Andere Länder – andere Sitten

A **Ein paar Tage in München** Michael besucht seine Freundin Christine in München. Er schreibt eine E-Mail an Sebastian, der gerade in Mainz ist. Lesen Sie die E-Mail und schreiben Sie fünf Fragen dazu auf.

Hallo Sebastian,

vielen Dank für deine Mail. Schön, dass es dir gut geht. Es macht sicher Spaß, mal wieder in Mainz und bei deinen Eltern zu sein. Gefällt es Franziska auch?

Mir geht es gut. München ist toll und ich glaube, ich bleibe bis Freitag hier. Es gibt so viel, was ich noch sehen möchte. Am Samstag bin ich dann aber pünktlich zu eurer Party in Mainz. Vielen Dank auch, dass ich bei euch übernachten kann.

Gestern war ich mit Christine im Englischen Garten. Wir sind zuerst mit dem Fahrrad gefahren und haben dann lange in der Sonne gelegen. Es war sehr voll, aber toll – die Leute spielen Frisbee, machen Picknicks, man kann auch reiten° und auf dem See Boot fahren. Es ist eigentlich wie im Tiergarten in Berlin, aber doch auch anders. Sehr gemütlich und wie Ferien. Einfach typisch bayrisch!   *ride horseback*

Es ist sehr nett mit Christine. Sie war ja letztes Jahr in Amerika und kennt das Leben dort ganz gut. Deshalb sprechen wir natürlich viel über Deutschland und Amerika und was hier und dort anders ist. Das ist interessant und ich denke im Moment auch viel an Washington. Na ja, bald mehr. Ich muss weg – ich will noch ins Deutsche Museum und danach ein bisschen einkaufen gehen.

Dann bis nächsten Samstag zur Party. Viele Grüße, auch an Franziska, Michael

1. _____

   _____

2. _____

   _____

3. _____

   _____

4. _____

   _____

5. _____

   _____

Was meinen Sie? Entscheiden° Sie, welcher Satz ein subjektives Urteil° und welcher eine Beobachtung° ist. Schreiben Sie **U** für **Urteil** oder **B** für **Beobachtung**.

decide / judgment
observation

1. _____ Die Amerikaner sehen den ganzen Tag fern.

2. _____ In Deutschland findet man fast überall° Blumen.

everywhere

3. _____ Die Amerikaner benutzen den Vornamen öfter als die Deutschen.

4. _____ Die Deutschen fahren wie die Wilden.

5. _____ In Amerika kann man das ganze Wochenende einkaufen gehen.

6. _____ Die deutschen Züge sind fast immer pünktlich.

7. _____ Die Deutschen essen zu viel Wurst.

8. _____ Die Amerikaner sind sehr freundlich.

Bei Pia Ein paar Freunde kommen heute zu Pia. Beschreiben Sie, was sie machen. Benutzen Sie die passenden *Präpositionen*. Verbinden° Sie die beiden *bestimmten Artikel* in Klammern° mit der *Präposition*.

connect (contract)
parentheses

Pia steht _____ ¹ dem Sofa. Paul steht _____ ²

ihr. Sie sprechen _____ ³ einen Roman. Drei Freunde sitzen

_____ ⁴ (dem) Tisch. Lisa schreibt eine Karte _____ ⁵

ihre Freundin. Justin redet _____ ⁶ seine Ferien. Charlotte sitzt

_____ ⁷ ihnen. Alina kommt gerade° _____ ⁸   *just*

(das) Zimmer.

D Alexanders Plan Ergänzen Sie den folgenden Text über Alexanders Pläne mit den *Präpositionen* und den passenden *Artikeln* in Klammern.

Alexander arbeitet _____ _____ ¹ *(in a)* Café, aber

er möchte gern _____ _____ ² *(at the)* Universität

studieren. Er spricht oft mit Studenten _____ _____ ³

(about the) Universität. Er will Physik studieren.

_____ _____ [4] *(on his)* Schreibtisch zu Hause

liegt ein Buch von Einstein. Darin liest er gern _____ [5] *(in the)* Abend.

Und _____ _____ [6] *(in front of the)* Fenster hat er

eine kleine Statue von dem Physiker Werner Heisenberg gestellt. _____

_____ [7] *(next to the)* Bücherregal steht sein Computer. Letzte Woche hat

Alexander _____ _____ [8] *(to his)* Eltern geschrieben.

Er möchte wissen, was sie _____ _____ [9] *(of his)*

Plan halten.

E **Nach der Party** Sebastian und Franziska haben bei ihren Eltern im Haus eine Party gefeiert und jetzt ist alles ziemlich unordentlich. Michael hilft ihnen beim Aufräumen. Ergänzen Sie ihr Gespräch mit den passenden Formen der Verben **legen/liegen, setzen/sitzen, stellen/stehen, stecken** oder **hängen**.

1. SEBASTIAN: Das ist nett, dass du uns hilfst, Michael. Dann können wir zusammen die Möbel wieder

   an ihren Platz _____.

2. FRANZISKA: Ich _____ das große Bild wieder neben das Regal. Es soll beim

   Tanzen nicht kaputtgehen.

3. SEBASTIAN: Es _____ auch viele Zeitungen und Bücher herum. Kannst du

   die Zeitungen bitte auf den Tisch _____ und die Bücher ins

   Bücherregal _____, Franziska?

4. MICHAEL: Das ganze Geschirr _____ noch auf dem Esszimmertisch. Soll

   ich es auf den Küchentisch _____?

5. FRANZISKA: Wenn du willst, kannst du es in die Spülmaschine einräumen. Nele hat ihre CDs

   vergessen. Sie _____ noch auf dem Regal.

6. SEBASTIAN: Ich _____ sie in meine Tasche. Ich gehe heute Nachmittag zu

   Nele. Dann nehme ich die CDs für sie mit.

7. FRANZISKA: Du meine Güte, mein Player _____ ja auf dem Boden. Kannst

   du ihn schnell auf den Tisch _____, Michael?

8. SEBASTIAN: Du sollst auch nicht nur auf dem Sofa _____ und reden,

   Franziska!

9. FRANZISKA: Warum denn nicht? Es sieht hier doch eigentlich wieder ziemlich gut aus. Wenn wir

   jetzt noch unsere Mäntel und Jacken in den Schrank _____,

   ist doch alles wieder in Ordnung.

F **Im Stadtgarten in München** Schauen Sie sich die Anzeige für das Restaurant Stadtgarten in München an und beantworten Sie die folgenden Fragen.

STADTGARTEN – MÜNCHEN
Im Englischen Garten

Biergarten • Mittags-Special • Fusion Cuisine • Events

➤ Sommerbrunch in unserem Biergarten

Jedes Wochenende von Anfang Mai bis Ende September

➤ Feierabend-Party

Jeden Montag und Freitag ab 18.00 Uhr

➤ Sushi-Happy-Hour

Jeden Dienstag und Donnerstag von 16.00 bis 18.30 Uhr

Geöffnet täglich von 10.00 Uhr bis 1.00 Uhr.

Team:
Starkoch Rico Brandauer
Geschäftsleitung° Anita Wiesner   *management*

Info + Reservierungen:
089-51 73 72 71

1. Wer kocht im Stadtgarten? _____

2. An welchen Tagen gibt es etwas Besonderes? Und was ist das genau?

   a. montags und freitags: _____

   b. _____

   c. _____

3. Wann ist die Sushi-Happy-Hour? _____

4. An welchem Tag möchten Sie den Stadtgarten besuchen? Warum? _____

   _____

   _____

   _____

G • Daniel und Felix Viele Leute denken, dass Daniel und Felix in vielen Dingen ähnlich° sind. Anna kennt beide und sagt, dass das stimmt. Ersetzen° Sie die *Präposition* und das *Substantiv* durch° ein **da**-Kompositum oder durch eine *Präposition mit Personalpronomen.*

similar / replace

with

▶ Felix redet gern *über Computer.*   *Daniel redet auch gern darüber.*
▶ Daniel denkt oft *an seine Freundin Alina.*   *Felix denkt auch oft an sie.*

1. Daniel erzählt oft *von den Semesterferien.*

    _____

2. Felix schreibt oft *an seine Eltern.*

    _____

3. Felix spricht oft *über Politik.*

    _____

4. Daniel hält viel *von seinen Professoren.*

    _____

H • Worüber hat Hannah gesprochen? Eine Freundin von Hannah erzählt Vanessa, was Hannah ihr erzählt hat. Es ist etwas laut und Vanessa muss noch einmal fragen, was Hannah genau gesagt hat. Ersetzen° Sie das *Präpositionalgefüge°* in kursiver Schrift° in Vanessas Frage. Ersetzen Sie in der Frage die *Präposition* und das *Substantiv* durch ein **wo**-Kompositum oder durch die *Präposition* und das passende *Fragepronomen°.*

replace / prepositional phrase

kursive Schrift: *italics*

interrogative pronoun

▶ Hannah hat *über ihr neues Auto* gesprochen.   Vanessa: *Worüber hat sie gesprochen?*

▶ Hannah hat *von ihrem Freund Nico* geredet.   Vanessa: *Von wem hat sie geredet?*

1. Hannah denkt meistens *an das Wochenende.*

    Vanessa: _____

2. Sie kann dann *mit ihrem Freund Justin* Tennis spielen.

    Vanessa: _____

3. Später haben Hannah und Justin *über das Spiel* gesprochen.

    Vanessa: _____

4. Abends sind sie *mit Hannahs Eltern* zum Restaurant Rosenau gefahren.

    Vanessa: _____

I Viele Fragen über Nele Gestern bei Franziskas Party hat Lukas Franziskas alte Freundin Nele kennengelernt. Lukas möchte Nele gern wiedersehen und er fragt Franziska alles Mögliche über sie. Ergänzen Sie den Dialog mit **ob**, **wenn** oder **wann**.

1. LUKAS: Weißt du, _____ Nele heute Abend mit uns ins Kino gehen

   möchte?

2. FRANZISKA: Das weiß ich nicht, aber ich kann sie anrufen, _____ du willst.

   Du kannst natürlich auch selbst anrufen und fragen, _____ sie Zeit hat.

3. LUKAS: Und was ist, _____ sie schon etwas anderes vorhat?

4. FRANZISKA: Hmmm, du findest sie wohl° sehr nett, nicht? Weißt du was?   *probably*

   _____ sie heute Abend keine Zeit hat, frage ich sie,

   _____ sie uns mal in Berlin besuchen möchte. Und

   _____ sie ja sagt, frage ich sie gleich, _____ sie kommen kann.

   In den Semesterferien habe ich zum Beispiel nicht so viel Arbeit und viel Zeit für Besuch.

5. LUKAS: Weißt du denn schon, _____ du wieder in Berlin bist?

6. FRANZISKA: Ach, ich denke in ein, zwei Wochen. _____ ich zu

   lange hier in Mainz bei meinen Eltern bin, wird es mir doch ein bisschen langweilig.

J Wie ich Hamburg finde Juan Gonzalez Blanch, 24, aus Spanien macht am Goethe-Institut in Hamburg einen Deutschkurs. Er erzählt, wie es ihm in Hamburg gefällt. Lesen Sie den Text und beantworten Sie dann die Fragen.

„Ich bin erst seit drei Monaten in Hamburg, aber ich habe schon Freunde gefunden. Der Kontakt fiel° mir allerdings auch leicht, da mein Bruder hier studiert hat und jetzt auch hier als Ingenieur arbeitet. Die Umstellung° der Lebensgewohnheiten° war am Anfang nicht ganz einfach. Man isst in Deutschland ganz anders und vor allem zu völlig° anderen Zeiten als bei uns in Spanien. Das Wetter ist leider auch nicht so schön wie daheim°, aber wenn die Sonne scheint, kann man die Stadt wunderbar mit dem Fahrrad erkunden°, weil es überall° Radwege gibt. In Madrid ist Radfahren in der Innenstadt völlig unmöglich, da muss man sich durch den dichten Verkehr° quälen°. Überraschend° war für mich die berühmte Reeperbahn, denn die ist ganz anders, als ich sie mir vorgestellt° habe. Dort gibt es viele Theater, Clubs und Diskotheken. Und am Wochenende treffen sich hier die Jugendlichen, um Party zu machen. Früher, bevor ich das erste Mal nach Hamburg kam, dachte ich immer, dort würden abends nur die Seeleute vom Hafen° beim Landgang° unterwegs° sein.“

fiel ... leicht: was als
easy for me of cour.

adjustment / living h.
completely

at home
explore / everywhere

dichten Verkehr: he.
traffic / struggle /
surprisingly / vorg
habe: imagined

harbor / shore leave /
and about

1. Seit wann ist Juan Gonzalez Blanch in Hamburg?

   _____

2. Kennt er schon Leute?

   _____

3. Was macht Juans Bruder hier in Hamburg?

   _____

4. Was sagt Juan über das Essen in Deutschland?

   _____

5. Was macht er gern bei schönem Wetter?

   _____

6. Warum kann man in Madrid in der Innenstadt nicht so gut Rad fahren?

   _____

7. Was gibt es auf der Reeperbahn?

   _____

K **Schreiben Sie** Beantworten Sie die folgenden Fragen und geben Sie eine kurze Erklärung.

1. An wen denken Sie oft? Warum?

   _____

   _____

2. Von wem halten Sie viel? (Es kann auch eine Person aus dem öffentlichen Leben sein.) Warum?

   _____

   _____

3. Worüber sprechen Sie gern? Warum?

   _____

   _____

4. An wen schreiben Sie oft? Warum?

   _____

   _____

L Kulturkontraste Sie möchten nächstes Jahr nach Deutschland reisen und sammeln deshalb Informationen über kulturelle Unterschiede° zwischen Deutschland und Ihrem Land. Bearbeiten° Sie die folgenden Aufgaben°.

differenc
do / task

1. **München.** Kreuzen Sie die drei richtigen Aussagen an.

	Richtig	Falsch
a. Man nennt München auch „Weltstadt mit Herz".	_____	_____
b. München ist die Hauptstadt von Nordrhein-Westfalen.	_____	_____
c. Der große Park in München heißt „Englischer Garten".	_____	_____
d. Das Fußballteam „FC Bayern München" ist sehr erfolgreich.	_____	_____

2. **Häuser und Wohnungen.** Lesen Sie die folgenden Aussagen und markieren Sie, ob sie **richtig** oder **falsch** sind.

	Richtig	Falsch	
a. Fast 90 % der Deutschen wohnen in Einfamilienhäusern.	_____	_____	
b. In Deutschland gibt es nur wenige Reihenhäuser.	_____	_____	
c. Viele Häuser in Deutschland haben einen Keller°.	_____	_____	*cellar*

3. **Essen zu Hause und als Gast.** Lesen Sie die folgenden Aussagen und markieren Sie, ob sie **richtig** oder **falsch** sind.

	Richtig	Falsch	
a. Vor dem Essen sagt man normalerweise° „Gesundheit".	_____	_____	*normally*
b. Im deutschen Fernsehen gibt es viele Koch-Shows.	_____	_____	
c. Während des Essens sind beide Hände immer auf dem Tisch.	_____	_____	

4. **Fußgängerzonen.** Lesen Sie die folgenden Aussagen und markieren Sie, ob sie **richtig** oder **falsch** sind.

	Richtig	Falsch
a. In Fußgängerzonen kann man ruhig einkaufen gehen.	_____	_____
b. In den Fußgängerzonen darf man immer mit dem Auto fahren.	_____	_____
c. Fußgängerzonen sind nie im Stadtzentrum.	_____	_____

KAPITEL

Modernes Leben

8

A **Modernes Leben – moderne Technologie** Die Tabelle „Was Internauten wirklich wollen" ist aus dem Magazin *Focus* und zeigt, was deutsche Internet-Benutzer° *users* machen, wenn sie online sind. Vergleichen Sie Ihre eigenen Computeraktivitäten damit. Benutzen Sie die Aktivitäten aus der Tabelle oder Ihre eigenen Anwendungen°. *uses*

Online-Anwendungen in Prozent

Anwendung	Prozent
E-Mails	89
zielloses[1] Surfen im Internet	77
Download von Dateien[2]	74
Adressen	71
Reise-Infos (Zug-/Flugpläne usw.)	65
aktuelle[3] Nachrichten[4]	62
Infos über PCs und Software	59
aktuelle Infos aus der Region	58
Newsletter von Organisationen	51
Home-Banking	47
Wetterinformationen	43
Computerspiele	41

[1] *random*   [2] *files*   [3] *current*   [4] *news*

chatten	Musik/Videos herunterladen°	*download*
Informationen fürs Studium	online shoppen	
Live-Musik hören	Produktinformationen	

1. Was sind die drei häufigsten° Anwendungen im Internet?   *most frequent*

_____

2. Was sind die drei seltensten° Anwendungen der deutschen Internet-Benutzer?   *least frequent*

_____

3. Welche Aktivitäten aus der Tabelle machen Sie oft?

_____

Nie? _____

4. Benutzen Sie das Internet, wenn Sie Informationen für Ihr Studium suchen? Warum (nicht)?

_____

_____

Suffixe -heit und -keit Schreiben Sie die *Adjektive* auf, von denen die folgenden *Substantive* kommen, und raten° Sie dann, was die *Substantive* bedeuten. *guess*

	Adjektive	**Bedeutung**
1. Mehrheit	_____	_____
2. Genauigkeit	_____	_____
3. Trockenheit	_____	_____
4. Gleichheit	_____	_____
5. Freiheit	_____	_____
6. Lustigkeit	_____	_____
7. Richtigkeit	_____	_____

Was wird Marie nach ihrem Examen machen? Manchmal denkt Marie darüber nach, was sie machen wird, wenn sie mit ihrem Medizinstudium fertig ist. Beschreiben Sie ihre Pläne, indem Sie die unterstrichenen° Sätze ins *Futur* setzen. *underlined*

► Ich suche mir eine neue Wohnung.
   Ich werde mir eine neue Wohnung suchen.

1. Ich verdiene genug Geld, um mir ein neues Auto zu kaufen.

_____

2. Dann reisen meine Freundin und ich für ein paar Monate durch Südamerika.

_____

3. Vielleicht gibt es dort auch die Möglichkeit, in einem Krankenhaus zu arbeiten.

_____

4. Wenn ich zurückkomme, studiere ich vielleicht noch ein oder zwei Jahre im Ausland.

_____

5. Danach suche ich mir eine Stelle in einem Krankenhaus.

_____

6. Hoffentlich helfe ich in meinem Beruf vielen Menschen.

_____

D **Und was werden Sie nach Ihrem Examen machen?** Schreiben Sie fünf Sätze über Ihre Pläne für die Zeit nach Ihrem Studium. Verwenden Sie das *Futur*.

_____

_____

_____

_____

_____

_____

_____

_____

E **Eine Ferienreise** David und Daniel gehen in Österreich Mountainbike fahren. Ergänzen Sie die Sätze, indem Sie das passende *Substantiv* in den *Genitiv* setzen. Verwenden Sie jedes *Substantiv* nur einmal.

ein Freund   ihr Freund   seine Klausuren   seine Schwester

▶   Sie hatten die Adresse _____*eines Freundes*_____ in Salzburg.

1.   Daniel hatte das Mountainbike _____ mitgenommen.

2.   Während der Reise haben sie in der Wohnung _____ gewohnt.

3.   Daniel musste wegen _____ manchmal abends ein bisschen arbeiten.

die Stadt   das Wetter   der Regen   eine Woche

4.   Wegen _____ konnten sie leider nicht jeden Tag Rad fahren gehen.

5.   Doch sie haben die Sehenswürdigkeiten° _____ angeschaut.   *sights*

6.   Sie sind statt _____ nur fünf Tage in Österreich geblieben.

7.   Doch trotz _____ hat ihnen die Reise gut gefallen.

F Wer ist das? Der folgende Text beschreibt eine berühmte Person, die vor etwa 100 Jahren in Wien gelebt hat. Setzen Sie die Stichwörter° in Klammern° in den *Genitiv* und sagen Sie, wer die Person ist.

cues / parentheses

Wer ist das?

Dieser Wissenschaftler° hat vor etwa 100 Jahren in Wien gelebt. In der Geschichte

scientist

_____¹ (die Stadt) hat er eine große Rolle gespielt. Der Inhalt°

contents

_____² (seine Bücher) beeinflusste die Welt _____³

(die Medizin) enorm. In seiner Arbeit beschäftigte° er sich mit der Psyche

occupied himself

_____⁴ (der Mensch). Ein wichtiges Thema war für ihn zum Beispiel die

Bedeutung° _____⁵ (die Träume°). Der Titel _____⁶

meaning / dreams

(ein Buch) von ihm ist „Die Traumdeutung" *(The Interpretation of Dreams)*.

Er war viele Jahre Professor an der Universität Wien. 1938 musste° er wegen

had to

_____⁷ (die Nationalsozialisten) Österreich verlassen°. Die letzten

leave

zwei Jahre _____⁸ (sein Leben) hat er in London gelebt. Der Name

_____⁹ (seine Tochter) war Anna. Auch sie war Wissenschaftlerin.

Ihr Spezialgebiet° war die Psyche _____¹⁰ (das Kind). Mit Hilfe°

specialty / help

_____¹¹ (die Tochter Anna) eröffnete° die Stadt Wien ein Museum über

opened

den Wissenschaftler. Der Name _____¹² (der Wissenschaftler)

ist _____¹³.

G Studium in Deutschland Anna erzählt Franziska von dem Austauschstudenten David Carpenter. Setzen Sie die passenden *Genitivpräpositionen* ein: **wegen, trotz, (an)statt, während**.

1. _____ seiner Zeit in Deutschland hat David hier in Tübingen studiert.

2. Das deutsche Uni-System hat ihm gefallen, da man _____ einer Klausur oft nur ein Referat schreiben muss.

3. _____ der vielen Arbeit hat er nur wenige deutsche Studenten kennengelernt.

4. Am Ende des Semesters hat er _____ einer Reise nach Italien Urlaub in Ungarn gemacht.

5. _____ der Probleme mit der Sprache° hat er in Budapest Spaß gehabt.

language

Name _____   Datum _____

H **Ein langer Tag im Einkaufszentrum** *(shopping center)* Emily und Jessica White aus den USA besuchen ihre Freunde Franziska und Sebastian. Sie gehen zusammen in ein Einkaufszentrum. Ergänzen Sie die Sätze mit den *Adjektiven* in Klammern in der richtigen Form.

1. Heute besuchen Franziska, Sebastian, Emily und Jessica ein _____ Einkaufszentrum. (neu)

2. Obwohl sie nur wenig Geld haben, wollen sie doch _____ aber _____ Sachen kaufen. (toll, billig)

3. Weil Sebastian gern joggt, kauft er einen _____, _____ Jogginganzug. (praktisch, grau)

4. Jessica sieht eine _____, _____ Handtasche. (klein, leicht) Die muss sie haben.

5. Franziska findet eine _____ CD von der _____ Opernsängerin Maria Callas. (interessant, berühmt)

6. Da Emily eine _____, _____ Frau (wählerisch°, jung) mit _____, *finicky* _____ Wünschen ist, kauft sie nichts. (kompliziert, teuer)

7. Am Ende des _____ Tages (lang) gehen alle ins Kino und sehen einen _____, _____ Film. (modern, amerikanisch)

I **Was meinen Sie?** Ergänzen Sie die Sätze, indem Sie eins oder mehrere der *Adjektive* in Klammern wählen° oder ein eigenes *Adjektiv* benutzen. Setzen Sie die *choose* *Adjektive* in der richtigen Form ein.

1. Ich möchte gern in einer _____ Stadt wohnen. (groß, klein, schön, interessant)

2. Da kann ich hoffentlich eine _____ Wohnung finden. (billig, modern, gemütlich)

3. Ich gehe gern zu _____ Partys. (lustig, laut, klein, interessant)

4. Dort treffe ich oft _____ Menschen. (langweilig, berühmt, sympathisch, freundlich)

5. In meiner Freizeit sehe ich gern _____ Filme. (amerikanisch, europäisch, ernst, lustig)

6. Und ich lese gern _____ Bücher. (deutsch, kurz, lang, modern)

J Wie viel verdienst du? Das Magazin *fluter* hat junge Leute befragt, wie sie leben: Ob sie noch bei ihren Eltern wohnen, ob sie Geld verdienen. Lesen Sie das Interview der Studentin Cornelia und beantworten Sie dann die Fragen.

lightpoet/Shutterstock.com

FLUTER:	Cornelia, wie hast du dein erstes Geld verdient?
CORNELIA:	Ich habe mit 19 Jahren zweimal die Woche Fernsehzeitschriften ausgetragen°.

delivered

FLUTER:	Wann willst du nicht mehr von deinen Eltern abhängig° sein?
CORNELIA:	Nach dem Studium – jetzt fehlt° mir wegen der Uni die Zeit, selbst Geld zu verdienen.

abhängig von: dependent on
is lacking

FLUTER:	Was ist für dich Luxus°?
CORNELIA:	Dass ich mir über Geld keine Gedanken machen muss, weil genug da ist. Aber auch die Ruhe° zu haben, um bei einer Trinkschokolade ein Buch zu lesen oder Klavier zu spielen.

luxury

peace of mind

FLUTER:	Was ist für dich Armut°?
CORNELIA:	Wenn man nicht genug Geld für Essen, Unterkunft° und einfache Kleidung hat. Wenn das Geld nicht reicht°, obwohl jeder Cent dreimal umgedreht° wird, und dieser Zustand° sich auch so bald nicht ändern wird.

poverty

lodging
*suffices / **jeder Cent dreimal umgedreht wird:** think twice about every cent one spends / circumstance*

FLUTER:	Wie viel verdienst du?
CORNELIA:	Im Moment bekomme ich nur das Kindergeld von meinen Eltern.
FLUTER:	Was machst du mit dem Geld?
CORNELIA:	Die eine Hälfte° lege ich auf mein Sparkonto°, mit der anderen bezahle ich die täglichen Ausgaben° wie Mensa° oder Unimaterial.

half / savings account
expenses / college cafet

FLUTER:	Wie wohnst du?
CORNELIA:	Ich habe ein Zimmer in der Wohnung meiner Eltern. Finanziell ist das günstiger° für mich, und auch was die Hausarbeit angeht°: Die teile° ich mir mit meinen Eltern.

more favorable / concerns / share

Name _____ Datum _____

1. Wann hatte Cornelia ihren ersten Job?

   _____

2. Was hat sie da gemacht?

   _____

3. Warum hat sie zurzeit keinen Job?

   _____

4. Was macht Cornelia gern?

   _____

5. Was ist für sie Armut?

   _____

6. Wie viel Geld bekommt sie?

   _____

7. Was macht sie mit dem Geld?

   _____

8. Wo wohnt sie?

   _____

K **Liebes Tagebuch (diary)** Führen° Sie drei Tage lang Tagebuch. Schreiben   *here: keep*
Sie das Datum so wie im Beispiel und formulieren Sie Ihre Sätze im *Perfekt.* Benutzen Sie
die Aktivitäten aus der Liste oder wählen Sie Ihre eigenen.

Test/Prüfung schreiben	ausgehen
Referat vorbereiten	in den Biergarten gehen
in der Bibliothek arbeiten	ins Theater/Kino/Konzert gehen
mit anderen Studenten in	Mountainbike fahren
die Mensa gehen	Freunde treffen
Hausarbeit machen	windsurfen gehen
am Computer arbeiten	faulenzen
auf Facebook chatten	fotografieren
Wohnung putzen	
Zimmer aufräumen	

▶ *Freitag, den zwölften Februar: Heute habe ich Julia im Café getroffen. Am Abend bin ich mit ihr ins Kino gegangen.*

_____, den: _____ _____: _____

_____

_____

_____, den: _____ _____: _____

_____

_____

_____, den: _____ _____ : _____

_____

_____

L **Familie in Deutschland heute** Die beiden Schaubilder° aus dem   *graphs*
Magazin *Focus* zeigen, wie viele Menschen heute in Deutschland alleine leben.
Schauen Sie sich die Schaubilder an und beantworten Sie die folgenden Fragen.

DEUTSCHE ALLEIN ZU HAUSE
Diese Statistik erfasst° in den Single-   *includes*
Haushalten auch alte Alleinlebende.

Die Single-Republik (in Prozent)

Ehepartner ohne Kinder — 23
Single-Haushalte — 54
Ehepartner mit Kindern — 10
Lebensgemeinschaften° ohne Kinder — 9   *unmarried households*
Lebensgemeinschaften mit Kindern — 1
Alleinerziehende° — 3   *single parents*

1. Wie viel Prozent der Deutschen leben alleine?

   _____

2. Wie viel Prozent leben in einer traditionellen Familie?

   _____

3. Wie viel Prozent leben ohne Partner, aber mit einem oder mehreren Kindern?

   _____

TOP-TEN DER SINGLE-STÄDTE

Anteil°der Ein-Personen-Haushalte in deutschen
Städten über 500 000 Einwohnern°(in Prozent)

portion
inhabitants

Stadt	Prozent
München	51,8
Hannover	51,2
Frankfurt	50,6
Köln	48,0
Hamburg	47,7
Berlin	47,5
Düsseldorf	47,4
Stuttgart	47,2
Bremen	47,2
Dortmund	39,9

Quelle: Angaben der Städte

4. In welchen drei Städten gibt es die meisten Singles?

_____

5. In welchen drei Städten wohnen die wenigsten° Singles?

fewest

_____

6. Wie muss Ihrer Meinung nach° eine Stadt sein, dass sie für Singles interessant ist?

Ihrer ... nach: *in
your opinion*

_____

_____

M **Kulturkontraste** Sie wollen nächstes Jahr nach Deutschland reisen. Sammeln
Sie Informationen über kulturelle Unterschiede zwischen Ihrem Land und Deutschland.

1. **Familie und Karriere.** Lesen Sie den folgenden Text über Elternzeit und beantworten
Sie die Fragen.

Stefanie Mierke arbeitet bei einer großen Computerfirma. Sie ist verheiratet und
bekommt ein Baby. Jetzt kann sie ihren Mutterschutzurlaub nehmen: Das heißt,
sechs Wochen vor der Geburt kann sie aufhören° zu arbeiten. In dieser Zeit und
bis acht Wochen nach der Geburt ihres Sohnes bleibt sie zu Hause und bekommt
trotzdem ihr volles Gehalt°. Danach nimmt sie die Elternzeit. Sie möchte aber jetzt
nur zwei Jahre der Elternzeit nehmen und das dritte Jahr dann, wenn ihr Sohn in
die Schule kommt. Ihr Arbeitgeber° ist einverstanden°.

stop

pay

employer / ***ist
einverstanden:***
agrees

   a. Was ist bei der Elternzeit anders in Ihrem Land?

   _____

   _____

   b. Nennen Sie zwei Vorteile°, die Stefanie Graf in Deutschland hat.

advantages

   _____

   _____

2. **Familienpolitik.** Welche Möglichkeiten sollen Arbeitgeber ihren Angestellten, die° Kinder haben, geben, damit sie mehr Zeit mit ihrer Familie verbringen können? Wählen° Sie zwei aus.

Angestellten, die: employees who / *wählen aus:* choose

_____ a. Dass sie flexibel sind und nicht in einem ganz bestimmten Zeitraum° arbeiten müssen (Gleitzeit).

time frame

_____ b. Dass sie ihre Kinder zur Arbeit mitbringen dürfen.

_____ c. Dass sie in einem Job zum Beispiel auch nur 20 Stunden pro Woche arbeiten können (Teilzeit).

_____ d. Dass der Arbeitgeber versuchen soll, der Frau oder dem Mann den Job zu geben, den sie vor der Elternzeit hatten.

3. **Gleichberechtigung: Wichtige Daten.** Kreuzen° Sie die Aussagen an, die richtig sind. In Deutschland …

kreuzen an: check

_____ a. darf eine verheiratete Frau ihren Mädchennamen nicht behalten°.

_____ b. dürfen Frauen seit 1901 studieren.

_____ c. können heute auch die Väter Elternzeit nehmen, so dass die Mütter nach der Geburt ihrer Kinder schneller wieder in ihrem Beruf arbeiten können.

4. **Hamburg.** Kreuzen Sie die drei richtigen Aussagen an. Hamburg …

_____ a. liegt an den Flüssen Elbe und Alster.

_____ b. ist die größte Stadt Deutschlands.

_____ c. hat einen großen internationalen Hafen°.

harbor

_____ d. ist eine alte Hansestadt.

In der Schweiz

A **Morgens oder abends?** Maries Freunde Jasmin und Florian machen sich morgens meistens zur gleichen Zeit fertig. Beschreiben Sie die Bilder und sagen Sie, was sie wann machen. Benutzen Sie die informelle Zeitangabe.

▶ *Florian duscht (sich) morgens.*
▶ *Florian duscht (sich) um sieben (Uhr).*

1. _____

2. _____

3. _____

4. _____

5. _____

6. _____

7. _____

B **Schreiben Sie über Ihr Morgenprogramm** Erzählen Sie, was Sie morgens machen. Benutzen Sie, wenn nötig, *Reflexivpronomen.* Passende Vokabeln:

zuerst	baden	Radio hören/auf dem iPod Musik hören
dann	(sich) duschen	Zeitung kaufen/lesen
jetzt	sich waschen	Bett machen
später	sich die Zähne putzen	joggen gehen
nachher	sich anziehen	frühstücken° *to eat breakfast*
	sich rasieren	Freund/Freundin anrufen
	sich schminken	etwas für die Uni vorbereiten
	sich kämmen	E-Mails lesen/schreiben
	sich die Haare föhnen	

Ich stehe um _____ Uhr auf. Zuerst _____

_____

_____

_____

_____

C **Kurze Gespräche** Ergänzen Sie die folgenden Sätze mit den passenden *Reflexivpronomen*.

Beim Skilaufen

1. a. DANIEL: Hat Sarah _____ schon angezogen?

    b. ANNA: Ja, aber Marie hat _____ noch nicht geduscht. Und ich muss

    _____ noch schnell die Zähne putzen.

Beim Einkaufen

2. a. ANNA: Willst du _____ neue Sportschuhe kaufen?

    b. FREUND/IN: Ja, wir können gleich gehen. Ich ziehe _____

    noch schnell eine Jacke an.

An der Uni

3. a. MARIE: Hast du _____ erkältet?

    b. FELIX: Ja, leider. Es geht _____ ziemlich schlecht.

Auf der Party

4. a. DANIEL UND FELIX: Wir fragen _____, warum Sarah

    nicht gekommen ist.

    b. LEON UND ANNA: Wir können es _____ auch nicht erklären.

In der Sprechstunde°   *office hour*

5. a. PROFESSOR LANGE: Frau Riedholt, setzen Sie _____ doch.

    So, freuen Sie _____ schon auf das Ende des Semesters?

    b. ANNA: Ja, Professor Lange, ich freue _____ sehr darauf.

D **Zum Studium in Zürich** Alina studiert seit diesem Semester Physik an der
Eidgenössischen° Technischen Hochschule° in Zürich. Erzählen Sie von Alinas   *Swiss Confederation*
ersten Wochen dort. Verwenden Sie in den neuen Sätzen verschiedene°   *university / variou*
Konstruktionen: *das Modalverb + Infinitiv, zu + Infinitiv* oder *um zu + Infinitiv*.
Beginnen Sie die Sätze mit dem Satzteil° in Klammern.   *phrase*

▶ Alina studiert in der Schweiz. (Es ist interessant …)
Es ist interessant in der Schweiz zu studieren.

1. Alina studiert an der ETH Physik. (Alina ist nach Zürich gekommen …)

_____

2. Alina findet in Zürich ein Zimmer. (Es ist nicht einfach …)

_____

3. Jetzt wohnt sie bei Bekannten ihrer Eltern am Zürichsee. (Alina kann …)

_____

4. Alina bezahlt dort keine hohe Miete°. (Alina muss …)   *rent*

_____

5. Sie kommt schneller zur Uni. (Sie hat sich ein Rad gekauft …)

_____

6. Alina lernt die Stadt kennen. (Alina hat leider nicht sehr viel Zeit …)

_____

7. Sie arbeitet viel für ihr Studium. (Sie muss …)

_____

8. Alina fühlt sich in Zürich richtig wohl. (Doch schon nach ein paar Wochen beginnt Alina …)

_____

E **Stadt, Land, Fluss** Identifizieren Sie zwei Flüsse und acht Städte auf der
Landkarte der Schweiz. Schauen Sie sich, wenn nötig°, auch die Landkarte vorne in   *necessary*
Ihrem Buch an.

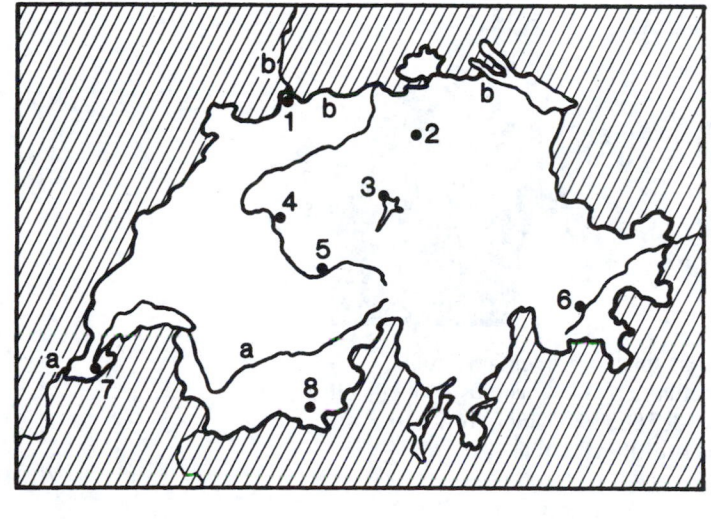

Städte

1. _____

2. _____

3. _____

4. _____

5. _____

6. _____

7. _____

8. _____

Flüsse

a. _____

b. _____

F **Meine Freunde in Basel** Anna erzählt ihren Eltern von ihren Freunden in Basel. Formulieren Sie für jede von Annas Aussagen einen Satz mit dem *Komparativ* und einen Satz mit dem *Superlativ* des *Adjektivs* oder *Adverbs*.

▶ David ist sportlich.
Aber Sarah ist sportlicher.
Und Daniel ist am sportlichsten.

1. Meine Miete° ist hoch. rent

   Aber Sarahs Miete _____ .

   Und Maries Miete ist _____ .

2. Alle arbeiten viel.

   Aber Leon _____ .

   Und Marie _____ .

3. Ich höre gern klassische Musik.

   Aber Daniel _____ Popmusik.

   Und Leon _____ Rockmusik.

4. David kann gut kochen.

   Aber Daniel _____ .

   Und Sarah _____ .

G **Worauf freust du dich?** Junge Leute zwischen 15 und 19 Jahren erzählen, worauf sie sich freuen. Lesen Sie die Antworten und beantworten Sie die Fragen.

Timothy Large/Shutterstock.com

„Auf meinen 18. Geburtstag freue ich mich total und darauf, meinen Führerschein zu machen. Dieses Jahr gibt es auch viel zu feiern: mein Bruder hat nämlich Konfirmation*."
— **Anika Petersen, 17 Jahre**

Hugo Silveirinha Felix/ Shutterstock.com

„Ab Herbst spiele ich in einem neuen Basketballverein[1] – in Leverkusen. Vielleicht ist das ja der Beginn meiner Profi-Karriere[2]!"
— **Jonas Breitling, 15 Jahre**

———————
[1]*basketball club* [2]*professional career*

*****Konfirmation:** The rite by which Anika's brother is accepted into full membership in the church.

Rose Hayes/Shutterstock.com

„Ich mache erstmal den Realschulabschluss[4]. Mal sehen, was danach so auf mich zukommt[5].“
— **Rafael Pfaff, 16 Jahre**

Iakov Filimonov/Shutterstock.com

„Ich freue mich auf die Sommerferien. Die sind für mich echt wichtig. Ich hoffe, dass der Sommer dieses Jahr mal so richtig heiß wird.“
— **Leah Schneider, 16 Jahre**

_____

[3]*diploma from the* **Realschule**   [4]***auf ... zukommt:** is in store for me*

1. Welche Person ist bald mit der Schule fertig? Hat sie oder er schon Pläne für die Zeit nach der Schule?

   _____

   _____

   _____

2. Worauf freut sich Anika?

   _____

3. Wer freut sich auf die Sommerferien? Was hofft sie oder er?

   _____

4. Wem ist der Sport wichtig? Welche Pläne hat sie oder er?

   _____

5. Und worauf freuen Sie sich?

   _____

H **Die Sage** *(legend)* **von Wilhelm Tell** Die Sage von Wilhelm Tell ist die berühmteste Schweizer Sage und auch das Theaterstück, das in der Schweiz am häufigsten° aufgeführt wird°. Lesen Sie den Text. Markieren Sie dann die richtigen Antworten zu den Fragen.

am häufigsten: most frequently / aufgeführt wird: is performed

New Glarus Chamber of Commerce

New Glarus Chamber of Commerce

Was Robin Hood für die Engländer ist, das ist Wilhelm Tell für die Schweizer – ein tapferer° Kämpfer° für die Freiheit und gegen die Ungerechtigkeit°. Im dreizehnten Jahrhundert haben sich die Schweizer Kantone Schwyz, Uri und Unterwalden zusammengetan, um gegen Österreich zu kämpfen°. Die Schweizer wollten° frei sein und nicht zu Österreich gehören. In drei Kriegen haben sie dann ihre Freiheit gewonnen. Aus dieser Zeit kommt auch die Sage von Wilhelm Tell.

brave
fighter
injustice

fight
wanted

Zu Tells Zeiten ist Geßler der österreichische Gouverneur in der Schweiz. Um die Treue° der Schweizer zu prüfen°, hängt Geßler einen Hut auf eine Stange° in Altdorf, Kanton Uri. Wer an diesem Hut vorbeigeht, muss ihn grüßen° und so Respekt für Geßler und Österreich zeigen°. Eines Tages geht Tell mit seinem Sohn an dem Hut vorbei, ohne ihn zu grüßen. Ein Soldat° sieht das und bringt Tell zum Gouverneur. Dieser ist sehr böse und sagt: „Tell, zur Strafe° musst du einen Apfel vom Kopf deines Sohnes schießen°." Tell antwortet: „Das mach' ich nicht. Ich schieße nicht." Geßler

loyalty
test
pole
greet, salute
show

soldier

punishment
shoot

wird jetzt noch böser: „Tell, ich sage dir, du schießt oder du stirbst° zusammen mit deinem Sohn."

die

Etwas später legt der Gouverneur selbst dem Jungen den Apfel auf den Kopf. Jetzt kann Tell wirklich nichts mehr machen als schießen. Tell schießt und trifft° den Apfel. Geßler sagt ihm, dass er das gut gemacht hat und dass er gut schießen kann. Geßler will aber auch wissen, warum Tell nicht einen Pfeil°, sondern zwei genommen hat. Tell hat Angst° die Wahrheit° zu sagen und meint: „Man braucht immer zwei Pfeile, wenn man schießt." Geßler glaubt ihm aber nicht und sagt: „Du brauchst keine Angst zu haben. Dein Leben ist sicher. Sag' mir aber die Wahrheit." Tell antwortet: „Der zweite Pfeil war für dich, wenn ich meinen Sohn getroffen hätte°."

hits

arrow
hat Angst: *is afraid / truth*

would have

Als Geßler das hört, wird er zornig° und schreit°: „Dein Leben sollst du behalten°, aber nicht die Freiheit." Dann fesseln° die Soldaten Tell und bringen ihn auf das Schiff des Gouverneurs. Kaum° sind sie auf dem See, da kommt ein starker Sturm° auf. Alle haben große Angst, weil sie das Schiff nicht mehr steuern° können. Nur Tell kann sie retten°. Die Soldaten binden ihn los und Tell steuert das Schiff sicher ans Land. Als sie ankommen, springt Tell aus dem Schiff, stößt° es wieder auf den See und läuft weg.

enraged / shouts / keep
chain
no sooner / storm
steer
save
shoves

Später hört der Sturm auf°, und Geßler und seine Leute kommen auch an Land. Tell steht hinter einem Busch und wartet° auf den Gouverneur. Als dieser vorbeireitet°, hört Tell, wie Geßler einige Pläne gegen ihn macht, und er schießt. Mit dem Tod° des Gouverneurs beginnt jetzt der Kampf°, um den Schweizern Freiheit zu bringen. Obwohl diese Geschichte nur eine Sage ist, steht eine Statue von Tell in Altdorf. Für die Schweizer bedeutet der Name „Tell" auch heute noch Freiheit und Unabhängigkeit°.

hört auf: *stops*
waits / rides by

death / struggle

independence

Name _____   Datum _____

1. Wer war Wilhelm Tell?

 _____ a. Ein tapferer Kämpfer für die Freiheit.

 _____ b. Ein österreichischer Soldat.

 _____ c. Ein Freund von Robin Hood.

2. Zu welcher Zeit spielt die Legende von Wilhelm Tell?

 _____ a. Im neunten Jahrhundert.

 _____ b. Im dreizehnten Jahrhundert.

 _____ c. Im achtzehnten Jahrhundert.

3. Wer war Geßler?

 _____ a. Ein Gouverneur in Österreich.

 _____ b. Der Gouverneur der Schweiz.

 _____ c. Ein Gouverneur in Deutschland.

4. Warum haben die Soldaten Tell zum Gouverneur gebracht?

 _____ a. Er hat auf einen Soldaten geschossen.

 _____ b. Er hat auf Geßlers Hut geschossen.

 _____ c. Er hat Geßlers Hut nicht gegrüßt.

5. Was, sagte° Geßler, sollte° Tell machen?   *said / was supposed to*

 _____ a. Tell sollte einen Apfel vom Kopf seines Sohnes schießen.

 _____ b. Tell sollte den Hut von der Stange schießen.

 _____ c. Tell sollte einen Apfel vom Kopf eines Schweizer Soldaten schießen.

6. Was wollte° Tell mit dem zweiten Pfeil machen?   *wanted to*

 _____ a. Er wollte zweimal auf den Apfel schießen.

 _____ b. Er wollte einen Apfel vom Kopf eines Soldaten schießen.

 _____ c. Er wollte auf Geßler schießen.

7. Warum hatten die Soldaten auf dem See Angst?

 _____ a. Wegen eines großen Sturms.

 _____ b. Weil Tell noch zwei Pfeile hatte.

 _____ c. Weil Tell aus dem Schiff gesprungen ist.

8. Wann hat der Kampf um die Freiheit begonnen?

_____ a. Mit dem Tod von drei österreichischen Soldaten.

_____ b. Mit dem Tod des Gouverneurs.

_____ c. Mit dem Tod von Tells Sohn.

9. Was bedeutet der Name „Tell" für die Schweizer?

_____ a. Große Liebe für die Familie.

_____ b. Freiheit.

_____ c. Neutralität.

I **Hallo Wach!** Schauen Sie sich die Anzeige für Radio Köln an und beantworten Sie die folgenden Fragen.

Hallo Wach!

Noch frischer in den Tag!

Wenn Sie morgens
schon mehr wissen
als alle anderen,
dann ist es
Hallo Wach!
auf der 107,1.

Hallo Wach!
ab 6.00 Uhr.

Radio
Köln
107,1

Für die besten Hörer der Stadt!

1. Welche Adjektive im Komparativ finden Sie?

_____

_____

_____

2. Welches Adjektiv im Superlativ finden Sie?

_____

_____

_____

3. Zu welcher Tageszeit° kommt diese Sendung?   *time of day*

_____

4. Welchen Vorteil° haben die Hörer von „Hallo   *advantage*
   Wach!"?

_____

J **Werbung** *(commercial)* Schreiben Sie nun Ihre eigene Anzeige für eine Zeitung, eine Zeitschrift oder einen Radio- oder Fernsehsender. Verwenden Sie *Komparativ-* und *Superlativformen.* Sie können die Anzeige für „Hallo Wach" in Übung I als Beispiel verwenden.

K **Kulturkontraste** Sie wollen nächstes Jahr in die Schweiz reisen und Sie sammeln politische und kulturelle Informationen über die Schweiz. Beantworten Sie die folgenden Fragen.

1. **Die viersprachige Schweiz und Schwyzerdütsch**

   Welche Aussagen zu den Sprachen in der Schweiz stimmen?   **Richtig**   **Falsch**

   a. Rätoromanisch ist die vierte offizielle Landessprache der Schweiz.   _____   _____

   b. Die drei anderen Landessprachen sind Deutsch, Französisch und Spanisch.   _____   _____

   c. Über 50 % der Schweizer sprechen Rätoromanisch.   _____   _____

   d. Der Schweizer Dialekt heißt Schwyzerdütsch.   _____   _____

   e. Schwyzerdütsch hat die gleiche Aussprache° und das gleiche Vokabular wie Hochdeutsch.   _____   _____   *pronunciation*

   f. Fast alle Zeitungen in der Schweiz sind auf Hochdeutsch.   _____   _____

2. **Die politischen Institutionen der Schweiz**

   Welche der folgenden Aussagen sind richtig?   **Richtig**   **Falsch**

   a. Ab 18 Jahren haben Schweizer Bürger das Recht zu wählen°.   _____   _____   *das Recht zu wählen: the right to vote*

   b. Schon im 18. Jahrhundert hatte der Nationalrat die erste Frau als Präsidentin.   _____   _____

   c. In einer Volksabstimmung° können die Schweizer Bürger und nicht der Nationalrat über ein neues Gesetz abstimmen.   _____   _____   *referendum*

   d. 1999 stimmten die Schweizer Bürger dafür°, Mitglied der EU (Europäischen Union) zu werden.   _____   _____   ***stimmten daf[ür]:*** *voted for*

3. **Zürich**

   Welche drei Aussagen über Zürich sind richtig?   **Richtig**   **Falsch**

   a. Zürich liegt an einem See.   _____   _____

   b. Zürich ist die größte Stadt in der Schweiz.   _____   _____

   c. Die berühmte Einkaufsstraße in Zürich heißt Bahnhofstraße.   _____   _____

   d. Zürich ist eine Stadt mit vielen Hochhäusern° und ohne Altstadt.   _____   _____   *skyscrapers*

4. **Wer denkt das – der Enkelsohn oder die Großeltern?** Lesen Sie den folgenden Text über die Europäische Union und die Schweiz. Lesen Sie dann die Aussagen unten und schreiben Sie **E**, wenn es die Meinung des Enkelsohns ist, und **G**, wenn die Großeltern so denken.

   Bei einem Familientreffen in der Schweiz sprechen die Großeltern mit ihrem Enkelsohn, der Student in Zürich ist, über die Europäische Union und die Schweiz. Der Enkelsohn Jakob findet, die Schweiz sollte der EU beitreten°, weil sie sonst isoliert ist und wirtschaftlich zurückbleibt. Die Großeltern dagegen sind gegen den Beitritt°. Sie finden, die Schweiz muss neutral bleiben und an ihren Traditionen festhalten.   *join* / *joining*

   Die Schweizer haben einen hohen Lebensstandard und es gibt fast keine Inflation. Für sie ist der Franken genauso gut wie der Euro. Der Enkelsohn schüttelt° seinen Kopf und stöhnt°: „Leider denken viele Schweizer wie ihr beiden."   *shakes* / *groans*

   _____ a. Ohne ihren EU-Beitritt wird die Schweiz isoliert sein.

   _____ b. Für eine starke Wirtschaft muss ein Land Mitglied° der EU sein.   *member*

   _____ c. Neutralität ist wichtiger als wirtschaftliche Integration.

   _____ d. Tradition ist nicht so wichtig wie die Anpassung° an das moderne Leben.   *adaptation*

   _____ e. Man soll den Franken nicht aufgeben.

Deutschland

A An der Uni Michael hat an der **Freien Universität** in Berlin studiert. Ergänzen Sie die Sätze mit den angegebenen Verben im *Präteritum.*

1. Während Michael an der FU in Berlin _____, _____ er in

   einem Studentenwohnheim. (studieren / wohnen)

2. Als er wieder nach Hause _____, _____ er seiner Familie,

   wie es in Deutschland an der Uni _____. (kommen / erzählen / sein)

3. Die Universität _____ nichts. (kosten)

4. Viele Studenten _____ Geld vom Staat. (bekommen)

5. Sie _____ nicht jedes Semester Klausuren. (schreiben)

6. Das _____ Michael sehr. (gefallen)

B Komödie und Theater am Kurfürstendamm Lesen Sie die Anzeige° für die   *advertisement*
Komödie am Kurfürstendamm und beantworten Sie die folgenden Fragen.

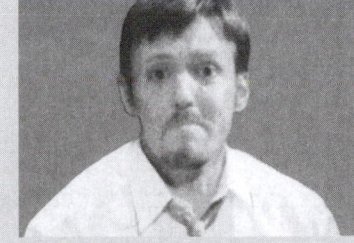

[1] *dream*   [2] *songs*   [3] *romantic pop*

1. Was für Lieder können Sie bei „Männer" hören?

_____

2. Wer singt die Lieder?

_____

3. Was gibt es bei dieser Vorstellung° zu essen? *performance*

_____

4. Wovon erzählt das Stück über die Comedian Harmonists?

_____

5. An welchem Abend möchten Sie die „Komödie am Kurfürstendamm" am liebsten besuchen? Warum finden Sie dieses Programm interessant?

_____

_____

C Eine Reise nach Berlin

Teil 1. Anna will am Wochenende Franziska besuchen. Am Mittwoch telefoniert Franziska mit ihrem Vater und erzählt ihm von ihren Plänen fürs Wochenende. Lesen Sie Franziskas Beschreibung.

> „Anna kommt am Freitagabend um 22.30 Uhr an. Ich hole sie am Bahnhof ab. Dann fahren wir zu mir nach Hause und ich zeige Anna ihr Zimmer. Danach gehen wir in die Wunder-Bar – ich habe Anna schon so viel darüber erzählt. Am Samstag schlafen wir aus° und dann besuchen wir das Deutsche Historische Museum. Dort ist gerade eine Ausstellung° über die Nachkriegszeit in Deutschland und es gibt viele Informationen über die Zeit der Berliner Blockade. Abends kochen wir dann zusammen und wir laden Michael und Guido ein. So kann Anna endlich meine Freunde kennenlernen."

schlafen ... aus:
exhibition

Teil 2. Am folgenden Montag schreibt Franziska eine E-Mail an Vanessa und erzählt ihr vom Wochenende mit Anna. Ergänzen Sie die Sätze mit den Verben aus Teil 1 im *Präteritum*.

Hallo Vanessa,

wie geht es dir? Mir geht es gut. Am Wochenende war meine Freundin Anna in Berlin und hat mich besucht.

Anna _____*kam*_____¹ am Freitagabend um 22.30 Uhr an. Ich _____² sie am

Bahnhof ab. Dann _____³ wir zu mir nach Hause und ich _____⁴ Anna

ihr Zimmer. Danach _____⁵ wir in die Wunder-Bar – ich hatte Anna schon so viel darüber

erzählt. Am Samstag _____⁶ wir aus und dann _____⁷ wir das Deutsche

Historische Museum. Dort ist gerade eine Ausstellung über die Nachkriegszeit in Deutschland und es gibt

viele Informationen über die Zeit der Berliner Blockade. Abends _____[8] wir dann zusammen

und wir _____[9] Michael und Guido ein. So _____[10] Anna endlich meine

Freunde kennenlernen. Kommst du auch bald nach Berlin, um mich zu besuchen? Ich würde mich freuen.

Viele Grüße

deine Franziska

D **Von Ost- nach Westdeutschland** Nadine Bresan erzählt von ihrem Umzug von Ost- nach
Westdeutschland. Ergänzen Sie Nadines Beschreibung mit den passenden Verben im *Präteritum.*

müssen finden haben verlieren wollen

Kurz nach der Wiedervereinigung _____[1] meine Mutter ihren Job in

Leipzig und wir _____[2] nach Frankfurt am Main umziehen°, wo sie   *move*

eine neue Stelle als Chemikerin _____[3]. Ich _____[4]

zwar nicht mitkommen, aber ich _____[5] keine andere Möglichkeit.

bleiben gehen halten mögen

In Frankfurt _____[6] ich in die 11. Klasse eines Gymnasiums und

am Anfang _____[7] ich meine Mitschüler überhaupt nicht°. Ich   *not all all*

_____[8] sie für arrogant und oberflächlich. Ich war auch überrascht°   *surprised*

darüber, wie traditionell das Familienleben mancher Mitschüler oft war, denn bei

vielen _____[9] die Mutter zu Hause.

kennenlernen (*fills 2 blanks*) fühlen dürfen gefallen

Die Schule selbst _____[10] mir aber ganz gut, weil man offen seine

Meinung sagen _____[11] und der Unterricht° auch relativ frei war.   *instruction*

Nach ein paar Monaten _____[12] ich meine Mitschüler besser

_____[13] und ich _____[14] mich langsam ganz wohl

in Westdeutschland. Inzwischen finde ich die Unterschiede zwischen Ost- und

Westdeutschen gar nicht mehr so groß.

E Eine Reise nach Ostdeutschland Am Anfang des Herbstsemesters erzählt Sarah ihren Freunden über die Reise, die Marie, Daniel und Felix nach Ostdeutschland gemacht hatten. Bilden Sie Sätze im *Plusquamperfekt*.

▶ In den Semesterferien fuhren Marie, Daniel und Felix nach Dresden.
Sarah sagte, *in den Semesterferien waren Marie, Daniel und Felix nach Dresden gefahren.*

1. Daniel war noch nie in Ostdeutschland.

   Sie sagte, _____

   _____

2. Marie hat früher mit ihren Eltern manchmal Verwandte in Weimar besucht.

   Sie sagte auch, _____

   _____

3. In Leipzig übernachteten Marie, Daniel und Felix in der Jugendherberge°.   *youth hostel*

   Sarah sagte, _____

   _____

4. Abends hörten sie in der Thomaskirche den Thomanerchor.

   Sie sagte auch, _____

   _____

5. Am nächsten Tag gingen Marie und Felix ins Bach-Museum.

   Sarah sagte, _____

   _____

6. Leider hatte Daniel eine Erkältung und er lag einen Tag im Bett.

   Sie sagte, _____

   _____

F Überall Fahrräder Jennifer hat ein Jahr in der Universitätsstadt Münster verbracht und sich über die vielen Fahrräder dort gewundert. Verbinden Sie ihre Aussagen mit **als, wann** oder **wenn**.

▶ Ich war in Münster. Es gab einen Fahrradboom. *Als ich in Münster war, gab es einen Fahrradboom.*

1. Ich weiß nicht. Der Boom hat angefangen.

   _____

2. Ich kam in Münster an. Ich sah Tausende von Fahrrädern am Bahnhofsplatz.

   _____

3. Die Studenten fuhren fast alle mit dem Rad. Sie mussten in die Stadt.

   _____

4. Niemand fand es komisch. Ich fuhr einmal mit dem Rad zum Einkaufen.

_____

5. Ich fuhr immer mit. Meine Freunde machten am Wochenende eine Radtour.

_____

6. Schon am Freitag fragte ich sie immer. Wir sollten uns am Sonntag treffen.

_____

7. Und ich war immer traurig. Es regnete und wir konnten keine Radtour machen.

_____

G **So war es** Frau Bunge erinnert sich an die Probleme ihres Sohnes in Ostberlin vor der Wiedervereinigung. Lesen Sie den Text und beantworten Sie dann die Fragen.

„Als mein Sohn Fabian Ingenieurstudent in Berlin war, lernte er eine Frau aus dem Westen kennen. Es war die große Liebe. Die beiden wollten heiraten. Das Problem war nur: Wie konnte mein Sohn legal aus der DDR in den Westen?

Fabian war in der FDJ, der Freien Deutschen Jugend, der staatlichen° Jugendorganisation, aktiv. Er machte gerade bei einer Firma in Berlin sein Praktikum°, als er beantragte° in den Westen gehen zu dürfen. Zwei Tage danach wurde er exmatrikuliert° und verlor Arbeit und Zimmer. Der Direktor der Ingenieurschule fuhr zu uns. Wir sollten unseren Sohn beeinflussen. Wir konnten es aber nicht. Er wollte zu seiner Lisa.

state

internship / applied
expelled (from the university)

Lange Zeit hörte Fabian nun nichts°. Er musste also ein neues Zimmer finden. Das war schwer. Eine neue Stelle war gar nicht zu finden. Er fand einige freie Stellen. Aber wenn man hörte, dass er beantragt hatte in den Westen zu gehen, kamen Antworten wie: ‚Es tut uns leid, aber die Stelle ist doch nicht frei.' Oder: ‚Wir brauchen doch etwas andere Qualifikationen.' In *einer* Firma sagte man ihm ganz offen°: ‚Leute, die° in den Westen wollen, können hier nicht einmal° als Hilfsarbeiter° arbeiten.'

nothing (about his application to leave the country)

openly / who
nicht ... *not even / unskilled workers*

Kein Mensch wusste, wann er eine Antwort erwarten° konnte. Einige Leute hatten nach kurzer Zeit eine Antwort bekommen. Bei anderen wieder war es sehr langsam gegangen. Waren diese Unterschiede nun Teil des politischen Systems, oder war es einfach die Schlamperei° der Bürokratie? Es war schwer zu sagen.

expect

sloppiness

Eines Nachmittags musste es dann plötzlich° sehr schnell gehen. Er musste in drei Stunden reisefertig° sein. Er hatte nicht einmal Zeit zu uns zu fahren.

suddenly
ready to travel

Erst am 9. November 1989° konnten wir unseren Sohn endlich wieder sehen und seine westdeutsche Frau, unsere Schwiegertochter°, endlich kennenlernen."

Berlin wall was opened
daughter-in-law

1. Wo war Fabian Bunge zu Hause?

_____

2. Warum konnte er Lisa nicht einfach heiraten?

_____

3. Warum sprach der Direktor der Ingenieurschule mit Fabians Eltern?

_____

4. Warum konnte Fabian keine Arbeit finden?

_____

5. Wann konnte Fabian eine Antwort auf seinen Antrag° erwarten?   *application*

_____

6. Warum war der 9. November 1989 ein wichtiges Datum° für die Familie Bunge?   *date*

_____

H **Ein Hundeleben** Erzählen Sie eine Geschichte darüber, was in den Bildern passiert. Verwenden Sie das *Präteritum.* Sie können Wörter und Ausdrücke aus der Liste verwenden.

Léon van Roy, © Frick Friedrich

Mutter / Frau	sitzen	zuerst	
Vater / Mann	sich setzen	dann	
Sohn / Junge / Hund / Sessel	wegschicken°	nachher	*send away*
Buch	lesen	schließlich	
Zeitung	stricken°		*knit*
	mit dem Schwanz wedeln°		*mit ... wedeln: wag its tail*
	schlafen		

_____

_____

_____

_____

_____

_____

_____

_____

_____

I Kulturkontraste

1. Bertolt Brecht

Welche beiden Aussagen über Bertolt Brecht sind richtig?   **Richtig   Falsch**

a. Seine Theorien über Dramen haben Dramatiker
weltweit beeinflusst.   _____ _____

b. Während des Zweiten Weltkriegs hat Brecht in Schweden gelebt.   _____ _____

c. Er hat das „Stück mit Musik" *Die Dreigroschenoper* geschrieben.   _____ _____

2. Zwei deutsche Staaten

Welche drei Aussagen über die DDR (Deutsche Demokratische   **Richtig   Falsch**
Republik) sind richtig?

a. Berlin war die Hauptstadt.   _____ _____

b. Die Lebensmittelpreise waren niedrig° und es gab Arbeit für fast alle   _____ _____   *low*
Einwohner.

c. Die Regierung hat die Mauer gebaut, weil zu viele Westdeutsche
in der DDR arbeiten wollten.   _____ _____

d. Nach politischen Demonstrationen im Jahre 1989 hat die
Regierung die Mauer geöffnet.   _____ _____

3. **Nach der Wiedervereinigung**

Was wissen Sie über Deutschland seit der Wiedervereinigung? Welche Aussagen sind richtig?

	Richtig	Falsch
a. Deutschland ist seit dem Jahr 2001 vereinigt.	_____	_____
b. Die ostdeutsche Wirtschaft lief nicht gut und viele Leute hatten keine Arbeit.	_____	_____
c. Die Wörter *Ossis* und *Wessis* zeigen, dass es viele kulturelle Unterschiede zwischen Ost- und Westdeutschland gab.	_____	_____
d. Heute interessieren sich die jungen Leute sehr für die Geschichte der DDR.	_____	_____

4. **Leipzig**

Was wissen Sie über Leipzig? Markieren Sie die Aussagen, die richtig sind.

	Richtig	Falsch	
a. Leipzig ist für seine Barock-Architektur bekannt.	_____	_____	
b. Jedes Jahr kommen wegen der Messen° und Konferenzen viele Menschen nach Leipzig.	_____	_____	*fairs*
c. Musik hat in Leipzig immer eine zentrale Rolle gespielt.	_____	_____	
d. Der Thomanerchor ist hier zu Hause.	_____	_____	
e. Im Jahr 1989 demonstrierten 100 000 Leute gegen die Regierung.	_____	_____	

5. **Ein Ostdeutscher in Westdeutschland.** Jan ist in einer Diskothek in Frankfurt am Main und Alex setzt sich zu ihm an den Tisch. Lesen Sie das folgende Gespräch und beantworten Sie dann die Fragen.

ALEX: Ist hier noch frei?

JAN: Klar, du kannst dich hier gern hinsetzen. Kommst du aus Leipzig?

ALEX: Ja, du hörst das wohl an meinem Akzent, nicht?

JAN: Natürlich. Und ich bin Frankfurter. Hörst du das?

ALEX: Aber klar.

JAN: Was machst du hier in Frankfurt?

ALEX: Ich lebe hier, seit 1995. Vieles gefällt mir im Westen natürlich. Ich bin hierher gekommen, weil es im Osten nach der Wiedervereinigung keine Arbeit für mich gab.

JAN: Was zum Beispiel findest du hier gut?

ALEX: Ich verdiene viel mehr als früher und habe hier einen höheren Lebensstandard.

JAN: Und was gefällt dir weniger?

ALEX: Ich mache nicht mehr so viel mit anderen Menschen zusammen.

JAN: Meinst du das ist so, weil du aus der früheren DDR kommst?

ALEX: Das weiß ich nicht so genau.

Name _____ Datum _____

Fragen:

a. Seit wann lebt Alex in Frankfurt?

_____

_____

b. Warum ist Alex nach Frankfurt gezogen?

_____

_____

c. Was findet er gut in Frankfurt?

_____

_____

d. Was gefällt ihm nicht so gut?

_____

_____

e. Würden Sie gern in eine andere Stadt oder ein anderes Land ziehen°?   *move*

_____

_____

f. Wenn ja, was für eine Arbeit würden Sie dort suchen? Wenn nein, warum nicht?

_____

_____

Wirtschaft und Beruf

A **Job gesucht** Lesen Sie die folgenden Stellengesuche°. Schreiben Sie dann Ihre eigene Anzeige.

job wanted ads

Informatik-Studentin

im 8. Semester sucht
Nebenjob¹ in Computerfirma.
Maximal 15 Stunden pro Woche. Neben guten Programmierkenntnissen Berufserfahrung als Controlerin. Fremdsprachen: Englisch und Französisch.
Tel.: (07071) 647 987

Tagesmutter, selbst Mutter und gelernte Erzieherin, hat noch Plätze frei. Fur Tageskinder² von 1-3 Jahren. Betreuung³ von 8 bis 15 Uhr.
Tel.: (07071) 998451

Student, 24 Jahre, suche dringend Job fur die Semesterferien, wenn möglich in Pizzeria Erfahrung als Pizzabäcker, Hilfskoch⁴, Pizzabote⁵.
Tel.: (07071) 230778

¹ *side job* ² *children in daycare* ³ *care* ⁴ *assistant cook* ⁵ *pizza deliverer*

_____

_____

_____

_____

_____

_____

_____

B Eine Frage der Qualität Frau Dr. Ziegler will einem ehemaligen° Kunden *former*
einen neuen Computer verkaufen. Schreiben Sie eine kurze Zusammenfassung° des *summary*
Gesprächs. Verwenden Sie die Fragen als Hilfe für Ihre Zusammenfassung.

FRAU DR. ZIEGLER: So, Herr Kohler, was halten Sie von unseren Preisen?

HERR KOHLER: Sie wissen, es ist keine Frage des Preises. Ihre Computer sind nicht gerade billig, aber darüber können wir später reden. Am wichtigsten ist die Frage der Qualität.

FRAU DR. ZIEGLER: Bei unserem Namen, Herr Kohler? Alle kennen den „Solo".

HERR KOHLER: Trotzdem. Die Computer, die wir vor fünf Jahren bei Ihnen gekauft haben, mussten wir ziemlich oft reparieren.

FRAU DR. ZIEGLER: Leider. Aber jetzt haben wir keine Bildprobleme mehr. Der neue Solo PC 2015 arbeitet auch schneller. Sie werden also viel Zeit sparen. Außerdem kann man mit unserem Software-Paket ohne Programmierer programmieren. Sie brauchen kein kompliziertes Programm zu schreiben, Sie brauchen nur ein paar Worte zu tippen. Ich bin sicher, Sie werden zufrieden sein.

HERR KOHLER: Hm, ja ... Ich rufe Sie am Montag in einer Woche an und sage Ihnen, ob wir uns für den „Solo" interessieren. Dann können wir noch einmal° über die Preise reden, nicht? *again*

Fragen:

1. Was verkauft Frau Dr. Zieglers Firma? Wie sind ihre Produkte?

_____

_____

2. Was hat Herr Kohler vor fünf Jahren dort gekauft? War er damit zufrieden? Warum (nicht)?

_____

_____

3. Welche Qualitäten hat der neue Solo PC 2015?

_____

_____

4. Kauft Herr Kohler den Computer? Wann will er Frau Dr. Ziegler wieder anrufen?

_____

_____

5. Worüber möchte er dann mit ihr sprechen?

_____

_____

C Dicke Luft *(tense atmosphere)* am Arbeitsplatz Ein schlechtes
Betriebsklima° kann zu Problemen führen. Was würden Sie als Chefin/Chef
einer Firma tun, um das Betriebsklima zu verbessern? Schreiben Sie fünf Sätze
im *Konjunktiv*. Verwenden Sie dabei die **würde**-Konstruktion und die folgenden
Ausdrücke.

working conditions

Dicke Luft am Arbeitsplatz

employees
find, experience

Von je 100
Beschäftigten°
empfinden° das
Betriebsklima am
Arbeitsplatz
als

Schlechtes
Betriebsklima
führt bei den
Betroffenen°
zu°
(Mehrfachnennungen°)

those affected
führt zu: *leads to*
multiple entries

76 gut bis sehr gut	**56**	Streßgefühl
	52	Nervosität
	43	schlechtem Schlaf
20 erträglich° bis schlecht	**35**	Kopfschmerzen
	35	Erschöpfungsgefühl°
4 Keine Angaben°	**25**	Magenschmerzen
	10	Appetitlosigkeit

bearable

exhaustion

responses

mit den Angestellten sprechen
Aktivitäten für die Freizeit organisieren
in der Firma einen Fitnessraum/ein
    Café einrichten°
die Angestellten besser bezahlen
andere Mitarbeiter suchen

den Arbeitsplatz schöner machen
neue Schreibtische/Pflanzen/Lampen/bessere
    Computer kaufen
mit den Angestellten über ihre Zukunft
in der Firma sprechen

set up

_____

_____

_____

_____

_____

_____

_____

D **Schwierigkeiten** *(difficulties)* Katharina ist Sängerin in Leons Band. Sie wollen sich zur Probe treffen. Ergänzen Sie die folgenden Sätze. Verwenden Sie das jeweils angegebene Verb im *Konjunktiv der Gegenwart*.

▶ LEON: *Könntest* du um sieben zur Probe kommen? (können)

KATHARINA: _____¹ es um sieben sein? (müssen)

LEON: Die Probe _____² vier Stunden dauern. (sollen)

KATHARINA: _____³ ich vielleicht erst um acht kommen?

(dürfen) Ich _____⁴ eigentlich noch meinem Freund

bei seinem Referat helfen. (wollen)

LEON: Sicher _____⁵ du das, aber ... (können)

KATHARINA: Morgen Abend _____⁶ ich dann schon um sieben

kommen. (können)

E **Verstehen Sie den Konjunktiv?** Die Verben in diesen Sätzen sind im *Konjunktiv*. Suchen Sie die passenden englischen Sätze auf der rechten Seite.

▶ Das ginge. *That would work.*

_____ 1. Das täte ich gern.

_____ 2. Wir kämen gern mit.

_____ 3. Jens ginge sicher auch mit.

_____ 4. Das fände ich gar nicht gut.

_____ 5. So etwas gäbe es bei mir nicht.

a. *I wouldn't find that good at all.*

b. *We would be happy to come along.*

c. *Such a thing would never happen with me.*

d. *I would do that gladly.*

e. *Jens would certainly go along.*

F **Probleme, Probleme** Ihre Freunde haben viele Probleme. Was hätten Sie anders gemacht, um diese Probleme zu vermeiden°?

avoid

> sich besser vorbereiten
>
> eine wärmere Jacke tragen
>
> besser aufpassen
>
> ein Computerspiel spielen
>
> früher ins Bett gehen
>
> zu Hause bleiben

▶ Julia hat ihre Handtasche verloren.   *Ich hätte besser aufgepasst.*

1. Marie war heute in der Vorlesung sehr müde.

   _____

2. Alexanders Referat war nicht sehr gut.

   _____

3. Lara hat die Party am Samstagabend langweilig gefunden.

   _____

4. Felix hat sich beim Jogging erkältet.

   _____

5. Sophie hat den Film im Fernsehen absurd gefunden.

   _____

G **Die Welt der Kinder – ein großes Geschäft** Lesen Sie Gisela Weinbauers Bericht und beantworten Sie dann die Fragen.

Gisela Weinbauer, eine Reporterin aus Düsseldorf, interessiert sich für die Werbung° und ihren Einfluss° auf die deutschen Familien. Sie interviewte einige Personen für ihren Bericht. Lesen Sie, was diese Leute zu dem Thema „Werbung" zu sagen haben.

advertising
influence

Zuerst sprach Gisela Weinbauer mit Frau Greif, die die Werbung kritisierte. Frau Greif sagte, dass sie, als Mutter von drei Kindern, sich wirklich wünschte, es gäbe gar keine Werbung mehr. Zum Geburtstag und zu Weihnachten° kauft sie natürlich Geschenke° für ihre Kinder, aber wegen der ewigen Werbung im Fernsehen ist es schwer „nein" zu sagen, wenn die Kinder zu anderen Zeiten Wünsche haben. Sobald° die Werbung neue Spielsachen° empfiehlt, haben ihre Kinder kein Interesse mehr an den alten Dingen; sofort wollen sie das Neue haben. Frau Greif meinte auch, dass sie keine Freude mehr daran hat ins Kaufhaus zu gehen, denn es heißt immer

Christmas
presents

as soon as / toys

nur: „Mami, das möcht' ich gern haben und dieses möcht' ich haben." Da sie aber arbeitslos ist und ihr Mann nicht viel verdient, haben sie wenig Geld. Wenn sie könnte, würde sie lieber das Geld sparen, anstatt so viel für teure Spielsachen zu bezahlen.

Als Gisela Weinbauer sich mit Herrn Voss, dem Chef eines Spielzeughauses°, *toy store* unterhielt, hörte sie, was ein typischer Geschäftsmann zu sagen hat. Für ihn ist die Werbung eben etwas Gutes, ein Boom. Zum Beispiel, wenn die Werbung am Wochenende etwas Neues im Fernsehen zeigt, dann müssen die Kinder das am Montag gleich haben. Das ist ganz selbstverständlich°. Herr Voss war der *natural* Meinung°, dass der Lebensstandard der Deutschen sehr hoch ist, sogar einer der ***war … Meinung:*** höchsten der Welt. Das Resultat ist also, dass die Deutschen Geld haben, um *was of the opinion* ihren Kindern kaufen zu können, was diese haben möchten. Nicht nur die Eltern kaufen den Kindern sehr viel, sondern auch die Verwandten – Tanten, Onkel und Großeltern – kaufen Spielsachen und geben den Kindern Geld. Vielleicht wäre es besser, wenn sie einen Teil des Geldes sparen würden, aber es gefällt Herrn Voss, dass sie es für Spielsachen ausgeben°. Für die Geschäftsleute ist die Werbung *spend* etwas ganz Tolles.

1. Wofür interessiert sich Gisela Weinbauer?

   _____

   _____

   _____

2. Was ist Frau Greifs Meinung über die Werbung?

   _____

   _____

   _____

3. Warum hat Frau Greif keine Lust mit ihren Kindern einkaufen zu gehen?

   _____

   _____

   _____

4. Was sagt Herr Voss über die Deutschen und ihre Kinder?

   _____

   _____

   _____

   _____

H Wenn ich nur ... Was würden Sie machen, wenn Ihr Leben anders wäre? Schreiben Sie fünf Sätze. Hier sind einige Vorschläge°: **Wenn Sie mehr Zeit (Geld, Talent) hätten; Wenn Sie weniger Arbeit (Stress, Probleme) hätten; Wenn Sie reich (toll aussehend°, berühmt) wären.**

suggestions

great-looking

Wenn ich (berühmt) wäre, würde ich _____

_____

_____

_____

_____

_____

_____

_____

_____

_____

_____

Wenn ich drei Wünsche freihätte, würde ich mir wünschen, dass niemand auf der Welt hungern müsste. Das wäre mein größter Wunsch. Dann würde ich mir ein Haustier wünschen, einen Hund oder eine Katze. Und als letztes würde ich mir wünschen, dass meine Familie und Freunde immer glücklich und gesund bleiben.

Elena Rostunova/Shutterstock.com

Emma

◼ I Kulturkontraste

1. **Das soziale Netz.** Was passt zusammen?

   _____ a. Krankenkasse

   _____ b. Arbeitslosenversicherung

   _____ c. Kindergeld

   _____ d. Wohngeld

       i. Leute mit einem niedrigen Einkommen bekommen Geld für die Miete°.   *rent*

       ii. Eltern bekommen Geld für jedes Kind.

       iii. Die Versicherung° zahlt den Arzt.   *insurance*

       iv. Die Versicherung zahlt, wenn man seine Stelle verliert.

2. **Die deutsche Wirtschaft**

   Welche Aussagen über die deutsche Wirtschaft sind richtig?

	Richtig	Falsch
a. Das soziale Netz ist ein wichtiger Teil der deutschen sozialen Marktwirtschaft.	_____	_____
b. Deutschland ist ein großes Exportland.	_____	_____
c. Die deutschen Firmen in den USA und Kanada sind klein und relativ unbekannt.	_____	_____
d. Circa 800 000 Deutsche arbeiten bei amerikanischen Firmen in Deutschland.	_____	_____

3. **Die Europäische Union**

   Welche Aussagen über die Europäische Union sind richtig?

	Richtig	Falsch
a. Mehr Leute leben in der EU als in den USA.	_____	_____
b. 28 Länder gehören zur EU.	_____	_____
c. Die USA und Kanada gehören zur EU.	_____	_____

4. **Berufliche Ausbildung**

   Welche Aussagen sind richtig?

	Richtig	Falsch
a. Wenn Deutsche nicht an einer Universität oder anderen Hochschule studieren, machen sie generell° eine Ausbildung. *generally*	_____	_____
b. Bei einer Ausbildung arbeiten die jungen Leute 3 bis 4 Tage und gehen 1 bis 2 Tage in eine Berufsschule.	_____	_____
c. Um die Meisterprüfung machen zu können, muss man zwei Jahre in die Berufsschule gehen.	_____	_____

5. **Ein Dilemma.** Eine deutsche Firma will einen Teil ihrer Firma in die Slowakei verlegen°. Zwei Angestellte haben die Möglichkeit, als Manager mitzugehen, aber weniger Gehalt dort zu bekommen. Frau Klein will das Angebot° annehmen°, weil sie schon immer im Ausland arbeiten wollte und weniger Geld zu verdienen für sie kein Problem ist. Aber Frau Müller ist skeptisch. Erstens möchte sie nicht im Ausland leben und zweitens will sie nicht als Managerin für weniger Gehalt arbeiten.

move
offer
accept

Frage:
Was würden Sie in dieser Situation machen? Warum?

_____

_____

_____

_____

_____

_____

_____

_____

_____

_____

_____

_____

_____

_____

Monkey Business Images/Shutterstock.com

Andreas

> Wenn ich drei Wünsche freihätte, würde ich mir wünschen: 1. einen iPod 2. ein richtig gutes Skateboard 3. dass ich so gut Skateboard fahren könnte wie Tony Hawk, denn er ist der allerbeste Skateboarder auf der Welt!

Deutschland hat viele Gesichter

KAPITEL 12

A Etwas Persönliches

1. Nennen Sie ...

   a. zwei Länder, in die Sie gern reisen möchten, oder zwei Kulturen, die Sie gern kennenlernen möchten.

   _____   _____

   b. zwei Fremdsprachen, die Sie gern fließend° sprechen möchten.   *fluently*

   _____   _____

2. Nennen Sie ...

   a. zwei Bands oder Musiker, die Sie gern hören möchten.

   _____   _____

   b. zwei Filme, die Sie sehen möchten.

   _____   _____

   c. zwei Bücher, die Sie dieses Jahr gelesen haben.

   _____   _____

3. Nennen Sie die Vorlesung, ...

   a. die Sie am interessantesten gefunden haben. _____

   b. die Ihnen am wenigsten gefallen hat. _____

   c. die Sie Ihren Freunden empfehlen würden. _____

B Was ist das? Beschreiben Sie die Bilder. Verwenden Sie *Relativpronomen* und die folgenden Definitionen. Achten Sie auf die Wortstellung.

Fotos gemacht werden   die Bedeutung° von Wörtern erklärt wird   *meaning*
man fliegt   Geschirr gespült wird   macht Rockmusik   man sitzt
man kauft Fleisch und Wurst   lehrt° an der Uni   *teaches*

▶ Digitalkamera   Eine Digitalkamera ist ein Objekt, mit *dem Fotos gemacht werden*.

1. Ein Professor ist ein Lehrer, _____
_____ .

2. Eine Spülmaschine ist eine Maschine, in _____
_____ .

3. Eine Rockmusikerin ist eine Frau, _____
_____ .

4. Ein Stuhl ist ein Möbelstück, auf _____
_____ .

5. Eine Metzgerei ist ein Laden, in _____
_____ .

6. Ein Flugzeug ist ein Verkehrsmittel, mit _____

_____.

7. Ein Wörterbuch ist ein Buch, in _____

_____.

C **Deutschland als zweite Heimat** Pietro Olivetti, der vor mehr als dreißig Jahren nach Deutschland kam, erzählt von seinem Leben. Ergänzen Sie seine Erzählung mit passenden *Relativpronomen.*

Ich komme aus Cosenza, einer Stadt in Süditalien, in __*der*__ es in den 80er-Jahren

für die jungen Leute nur wenig Arbeit gab. Also ging ich nach Deutschland, um einen

Job zu suchen. Die ersten Wochen in Deutschland sind eine Zeit, an _____[1] ich nicht

gern zurückdenke. Ich vermisste° meine Verwandten, _____[2] alle in Italien geblieben   *missed*

waren. Außerdem waren die Deutschen, mit _____[3] ich zu tun hatte, ziemlich

reserviert. In der Firma, bei _____[4] ich zuerst gearbeitet habe, gab es zum Glück°   ***zum Glück:***
                                                                                                  fortunately

viele ausländische Kollegen. So waren die Leute, mit _____[5] ich mich in meiner

Freizeit traf, zum größten Teil Ausländer. Und die Frau, _____[6] ich bald kennenlernte,

war auch Italienerin. Giovanna und ich heirateten 1986 und wir bekamen zwei Söhne,

_____[7] heute 25 und 29 sind. Der ältere – Roberto –, _____[8] Frau Türkin ist, lebt

heute in Berlin. Massimo, _____[9] noch nicht verheiratet ist, studiert in Freiburg.

Unsere beiden Söhne fühlen sich als Deutsche. Für sie ist Deutschland ihre Heimat und

Italien das schöne Land, in _____[10] sie gern ihre Urlaube verbringen. Meine Frau,

_____[11] es in den ersten Jahren in Deutschland nicht so gut gefiel, möchte auch nicht

mehr weg von hier. Für meine Eltern, _____[12] immer in Cosenza gelebt haben, ist das

ein bisschen traurig. Sie wären froh, wenn wir auch in Italien leben würden. Außerdem

hätten sie gern Enkelkinder°, _____[13] richtige Italiener sind.   *grandchildren*

D **Kulturelle Unterschiede** Franziska und Michael diskutieren über die Unterschiede zwischen der amerikanischen und der deutschen Kultur. Ergänzen Sie die Sätze mit *Relativsätzen*.

▶ Franziska spricht mit Michael, (sie hat ihn heute Abend in der Studentenkneipe getroffen).
Franziska spricht mit Michael, den sie heute Abend in der Studentenkneipe getroffen hat.

1. Sie sprechen über kulturelle Unterschiede, (sie haben die Unterschiede bemerkt).

   _____

2. Die Autofahrer, (die Autofahrer sieht Michael in Deutschland), fahren oft wie die Wilden.

   _____

3. Franziska hat in Amerika die öffentlichen Verkehrsmittel, (mit den öffentlichen Verkehrsmitteln kann man überallhin° fahren), vermisst.   *everywhe*

   _____

4. Die Züge in Deutschland, (Michael benutzt die Züge oft), sind meistens pünktlich.

   _____

5. Franziska fand die Amerikaner, (die Amerikaner lächeln mehr als die Deutschen), manchmal zu freundlich.

   _____

6. Michael mag den amerikanischen Alltag° (der Alltag ist durch die Freundlichkeit   *everday li*
   der Leute einfacher), fast lieber.

   _____

E **Was wird von wem gemacht?** Bei Annika zu Hause müssen alle mithelfen. Schreiben Sie, was von wem gemacht wird. Bilden Sie Sätze im *Passiv Präsens*.

▶ Vater – Gartenarbeit machen
Die Gartenarbeit wird vom Vater gemacht.

Wer?	Was?	
Vater	Blumen pflanzen	Auto waschen
Mutter	Badezimmer putzen	Tisch decken
David	Essen kochen	Garage aufräumen
Annika	Gartenarbeit machen	Lebensmittel einkaufen
Oma	Spülmaschine einräumen	
Opa		
Tante		

1. _____

2. _____

3. _____

4. _____

5. _____

6. _____

7. _____

8. _____

Name _____   Datum _____

F **Ausländische Mitbürgerinnen und Mitbürger in deutschen Städten** Schauen Sie sich die
Grafik an. Beantworten Sie dann die Fragen.

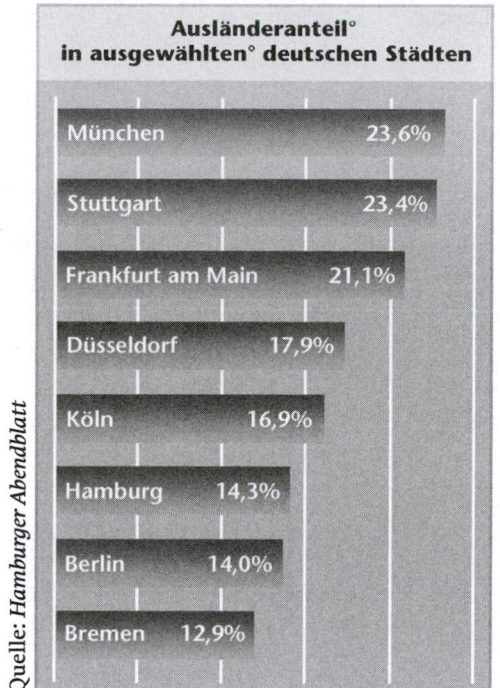

proportion of foreigners
selected

1. Nennen Sie die drei deutschen Städte mit dem höchsten Ausländeranteil.

   _____

2. Wie heißen die drei deutschen Städte mit dem niedrigsten° Ausländeranteil?   *lowest*

   _____

3. Inwiefern sind die Städte mit vielen Ausländern wohl interessanter? Was meinen Sie?

   _____

4. Welche Probleme könnten die Städte mit einem hohen Ausländeranteil aber haben?

   _____

   _____

G **Von wem wurde das erfunden (invented), geschrieben oder
komponiert (composed)?** Bilden Sie Sätze im *Passiv Präteritum°*. Verwenden Sie   *simple past tense*
dabei die angegebenen Stichwörter.   *passive*

▶ das Telefon – Alexander Graham Bell
   Das Telefon wurde von Alexander Graham Bell erfunden.

1. *Huckleberry Finn* – Mark Twain

   _____

2. das Dynamit – Alfred Nobel

   _____

3. die amerikanische Unabhängigkeitserklärung° – Thomas Jefferson

Declaration of Independence

_____

4. das Musical *West Side Story* – Leonard Bernstein

_____

5. der Buchdruck° – Johannes Gutenberg

printing

_____

H **In zwanzig Jahren ...** Schreiben Sie einen Aufsatz, in dem Sie Ihre Zukunftspläne beschreiben. Was werden Sie in 20 Jahren machen? Verwenden Sie Adverbien wie **schon, sicher** und **wohl**. Mögliche Themen sind zum Beispiel: **Beruf, Wohnung, Reisen, Kinder, Geld, Hobbys, Partnerin/Partner, berühmt sein,** usw. Schreiben Sie zehn Sätze.

In zwanzig Jahren werde ich wohl _____

_____

_____

_____

_____

_____

_____

_____

I **Kulturkontraste**

1. **Ausländische Mitbürger° und Staatsbürgerschaft°**

citizens / citizensh

Welche der folgenden Aussagen sind richtig?

	Richtig	**Falsch**	
a. Zwischen 1955 und 1973 brauchte Westdeutschland viele Arbeiter.	_____	_____	
b. Sogenannte° Gastarbeiter kamen aus Italien, Griechenland, Spanien und der Türkei.	_____	_____	*so-called*
c. Obwohl die Kulturen der Ausländer und der Deutschen unterschiedlich° waren, gab es fast nie Probleme.	_____	_____	*different*
d. Heute gibt es Integrationskurse, in denen die Ausländer mehr über Sprache und Kultur lernen.	_____	_____	
e. Um Staatsbürger zu werden, muss ein Ausländer 30 Jahre in Deutschland leben.	_____	_____	
f. Wenn ein Ehepaar aus Italien 8 Jahre in Deutschland gelebt hat, sind ihre Kinder automatisch deutsche Staatsbürger.	_____	_____	
g. Die meisten der 7 Millionen Ausländer in Deutschland sind Türken.	_____	_____	

2. Zwei junge Türkinnen sprechen über ein Problem. Lesen Sie das Gespräch zwischen Emine und Yildiz und beantworten Sie die Frage.

EMINE: Wie finden es deine Eltern, dass du einen deutschen Freund hast?
YILDIZ: Gar nicht gut. Sie machen sich Sorgen, dass ich meine türkische Kultur und die Traditionen unserer Heimat aufgebe.
EMINE: Vielleicht sollten deine Eltern deinen Freund erst besser kennenlernen?
YILDIZ: Sie kennen ihn schon ein bisschen, aber ich weiß, sie wären total unglücklich, wenn ich ihn heiraten würde. Meine Mutter sagte mir, sie werden vielleicht in ein paar Jahren wieder in die Türkei zurückgehen. Meine Eltern wissen schon, dass ich lieber hier bleiben möchte. Ich kann ja auch kaum noch Türkisch und liebe meine Arbeit hier.
EMINE: Ja, dein deutscher Freund macht euer Familienleben wirklich kompliziert. Was tun?

Frage:
   Welchen Ratschlag° würden Sie Yildiz geben?   *advice*

_____

_____

_____

3. Deutschland: Die Regierung. Was passt zusammen?

_____ a. Bundestag   i. die erste deutsche Bundeskanzlerin

_____ b. Bundesrat   ii. die meisten seiner Pflichten° sind zeremoniell   *duties*

_____ c. Bundespräsident   iii. die Institution, die von den Bürgern gewählt wird

_____ d. Bundeskanzler   iv. das Oberhaupt° der Regierung   *head*

_____ e. Angela Merkel   v. die Institution, die die Bundesländer repräsentiert

LAB MANUAL

Das bin ich!

EINFÜHRUNG

Übungen zum Hörverständnis

In the directions you will hear the following new expressions:

Übung	*exercise*
Beispiel	*example*
Fangen wir an.	*Let's begin.*

A **Frage und Antwort** *(question and answer)* You will hear five questions, each followed by two responses. If both responses are the same, place a check mark in the column labeled **same**. If the responses are different, place a check mark in the column labeled **different**.

	Same	Different
►	_____	___✓___
1.	_____	_____
2.	_____	_____
3.	_____	_____
4.	_____	_____
5.	_____	_____

B **Welche Nummer?** You will hear ten statements about the items pictured here. Put the number of each statement under the picture to which it refers.

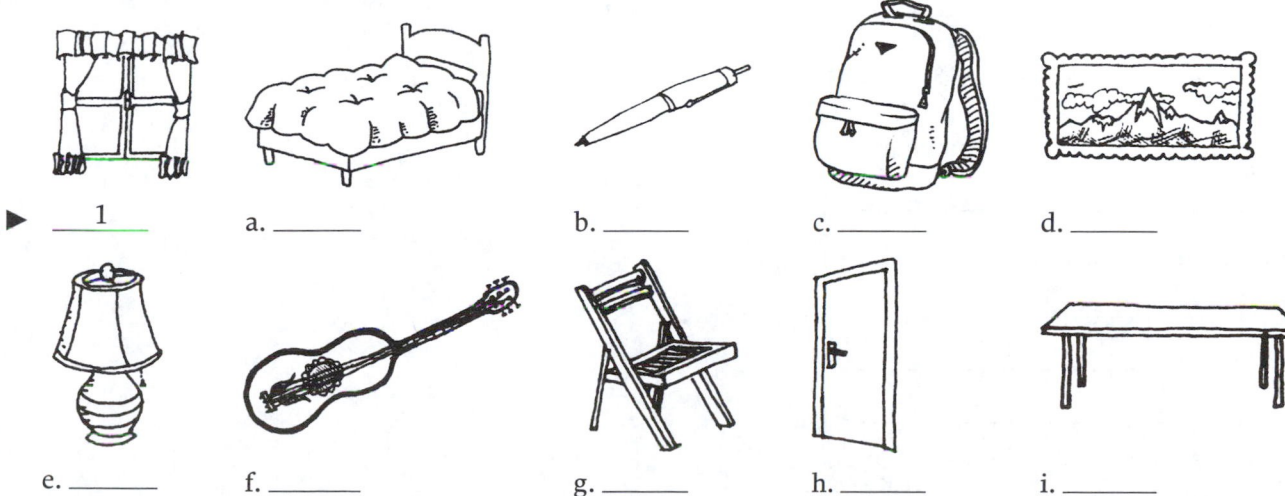

► ___1___   a. _____   b. _____   c. _____   d. _____

e. _____   f. _____   g. _____   h. _____   i. _____

C **Farben** You will hear eight statements about colors. If a statement is correct, place a check mark in the column marked **richtig**. If the statement is false, place a check mark in the column marked **falsch**.

	Richtig (*true*)	**Falsch** (*false*)	
▶	✓	_____	(der Ozean)
1.	_____	_____	(die Maus)
2.	_____	_____	(der Asphalt)
3.	_____	_____	(die Schokolade)
4.	_____	_____	(das Gras)
5.	_____	_____	(die Banane)
6.	_____	_____	(das Gras)
7.	_____	_____	(die Tomate)
8.	_____	_____	(das Papier)

D **Frage und Antwort** Read the following five questions. You will hear the questions, each followed by two responses. Place a check mark by the letter of the response that makes sense.

▶	Welche Farbe hat das Heft?	a. _____	b. ✓
1.	Wie heißt du?	a. _____	b. _____
2.	Wie alt bist du?	a. _____	b. _____
3.	Wie ist deine Adresse?	a. _____	b. _____
4.	Wie schreibt man das?	a. _____	b. _____
5.	Wie geht's?	a. _____	b. _____

E **Diktat** (*dictation*) Write the words you hear spelled.

▶ _____ *Lampe* _____

1. _____

2. _____

3. _____

Copy down the numbers you hear.

1. _____

2. _____

3. _____

4. _____

5. _____

F **Annas Handy** You will hear a conversation between Anna and Daniel on the street. Daniel wants to know from Anna why he can't reach her on her cell phone. After you listen to the conversation, read the following five statements. Place a check mark in the column marked **richtig** if the statement is correct. Place a check mark in the column marked **falsch** if the statement is incorrect. You will hear four new expressions:

eigentlich	*actually*
kaputt	*broken*
Sag mal.	*Tell me.*
Wo wohnst du?	*Where do you live?*

	Richtig	**Falsch**	
1.	_____	_____	Anna hat eine neue Handynummer.
2.	_____	_____	Anna wohnt in der Pfleghofstraße.
3.	_____	_____	Daniels Adresse ist Nauklerstraße 2.
4.	_____	_____	Daniels Zimmer ist groß.
5.	_____	_____	Annas Zimmer ist sehr alt.

Mündliche Übungen

The *Mündliche Übungen* are activities where you are to respond orally to a variety of questions and statements you hear on the audio program. These activities provide additional work on the grammar and vocabulary practiced in your textbook. To aid your understanding, direction lines and models **(Beispiele)** are printed in your Lab Manual.

G **Groß, klein, alt** You will hear five questions about people. Each question has a cued word **ja** or **nein**, shown in parentheses in the models. Answer according to the cue. Use a pronoun in your answer. Follow the models.

BEISPIELE *(models)*:
Ist das Kind groß? (Nein)   *Nein, es ist nicht groß.*
Ist die Frau groß? (Ja)   *Ja, sie ist groß.*

H **Welche Farbe?** Tell about the items in a friend's room. You will hear an item followed by a color. Say that the item is that color. Follow the model.

BEISPIEL:
Stuhl / braun   *Der Stuhl ist braun.*

KAPITEL 1

Freizeit und Sport

Übungen zum Hörverständnis

A Eine Studentin in Tübingen Listen to the reading of "Eine Studentin in Tübingen."
You will hear four new words:

eher	*rather*	jedenfalls	*at any rate*
insgesamt	*all together*	übrigens	*by the way*

B Richtig oder falsch? You will hear eight statements based on the reading "Eine Studentin in Tübingen." Check **richtig** if the statement is correct according to the information in the reading passage. Check **falsch** if the statement is incorrect.

	Richtig	Falsch			Richtig	Falsch
▶		✓				
1.	_____	_____		5.	_____	_____
2.	_____	_____		6.	_____	_____
3.	_____	_____		7.	_____	_____
4.	_____	_____		8.	_____	_____

C Ist das logisch? You will hear seven pairs of questions and responses. Place a check mark in the column marked **logisch** if the response is logical. Place a check mark in the column marked **unlogisch** if the response to the question is not logical.

	Logisch	Unlogisch			Logisch	Unlogisch
▶	✓					
1.	_____	_____		5.	_____	_____
2.	_____	_____		6.	_____	_____
3.	_____	_____		7.	_____	_____
4.	_____	_____				

D **Das Gegenteil** *(opposite)* You will hear six questions containing an adjective or an adverb. Complete each answer by checking the antonym of the adjective or adverb you hear.

▶ Nein, er ist ...   ✓ a. faul   _____ b. ernst

1. Nein, es geht mir ...   _____ a. schlecht   _____ b. ruhig

2. Nein, er ist ...   _____ a. krank   _____ b. freundlich

3. Nein, er ist ...   _____ a. lustig   _____ b. müde

4. Nein, es ist ...   _____ a. klein   _____ b. nett

5. Nein, er ist ...   _____ a. gut   _____ b. neu

6. Nein, sie ist ...   _____ a. freundlich   _____ b. kritisch

E **Jürgen** You will hear a brief description of Jürgen and learn what he likes to do. After you listened to the description, read the following eight statements. Place a check mark in the column marked **richtig** if the statement is correct. Place a check mark in the column marked **falsch** if the statement is incorrect.

	Richtig	Falsch	
1.	_____	_____	Jürgen ist faul.
2.	_____	_____	Er spielt gern Schach.
3.	_____	_____	Er treibt nicht gern Sport.
4.	_____	_____	Er spielt Fußball.
5.	_____	_____	Er spielt Tischtennis.
6.	_____	_____	Er geht oft tanzen.
7.	_____	_____	Er geht heute Abend ins Kino.
8.	_____	_____	Er ist heute müde.

F **Diktat** What are Susi and Oliver doing? Oliver runs into Susi on the street, and they talk about various things. Complete their conversation by supplying the missing words, which you will hear on the recording.

▶ Tag, Susi, wie _____*geht's*_____?

—Tag, Susi, wie geht's?

—Tag, Oliver, danke, _____ _____.

—Du, was _____ du _____ _____?

—Ich _____.

—Hm ... Und _____ _____?

—Nichts _____.

—Spielst du gern _____?

—Ja, _____ gern.

—_____ du mit mir *(with me)*?

—Ja, gern.

G **Wann gehen wir ins Kino?** You will hear a conversation between Anna and Daniel. After you listened to the conversation, read the following four statements. Place a check mark in the column marked **richtig** if the statement is correct. Place a check mark in the column marked **falsch** if the statement is incorrect. You will hear four new words/expressions:

doch	*of course*
immer	*always*
Sag mal.	*Tell me.*
Zeit	*time*

Richtig   Falsch

1. _____   _____   Anna und Daniel gehen am Freitag ins Kino.

2. _____   _____   Am Freitagabend spielt Daniel Fußball.

3. _____   _____   Am Samstag spielt Anna immer mit Meike Tennis.

4. _____   _____   Am Samstag gehen Daniel und Anna um neun Uhr ins Kino.

Übungen zur Aussprache°

pronunciation

H **Word pairs** Listen and repeat the word pairs. You may wish to review the pronunciation of long and short **u** and **o** in *Appendix C* of your textbook.

long ū	short u	long ō	short o
Mus	muss	Moos	Most
buk	Buckel	bog	Bock
Schuster	Schuss	Schote	Schotte
Stuhl	Stulle	Ofen	offen
Tun	Tunnel	Ton	Tonne

I **Sentences** Now listen and repeat the sentences, paying special attention to the way you pronounce long and short **u** and **o** in the boldfaced words.

1. Spielt **Monika oft Rockmusik?**
2. Ist heute **Mittwoch oder Donnerstag?**
3. Es ist **Montag.**
4. Geht es Ihnen **gut?**
5. Ja, danke. **Und** Ihnen?

Mündliche Übungen

J **Welcher Tag ist heute?** Correct these people who are always a day behind.

BEISPIEL:
Ist heute Dienstag?   *Nein, heute ist Mittwoch.*

K **Hat Dennis am Mittwoch Deutsch?** Say that the following people have German a day later than your friend thinks.

BEISPIEL:
Hat Dennis am Mittwoch Deutsch?   *Nein, am Donnerstag.*

🔊 **L Intelligente Menschen** Say that the people mentioned are intelligent.

CD 1
Track 21 BEISPIEL:

Melanie   *Melanie ist intelligent.*

🔊 **M Nein, so sind sie nicht** Benno is talking about your friends. Say that they're the opposite of what he thinks.

BEISPIEL:

Ist Jan freundlich?   *Nein, er ist unfreundlich.*

🔊 **N Arbeiten am Samstag: Das ist gesund** Many people believe that working a lot is healthy. Say that the following people believe it.

BEISPIELE:

wir   *Wir glauben das. Wir arbeiten viel.*

Franziska   *Franziska glaubt das. Franziska arbeitet viel.*

🔊 **O Ja, das mache ich** Sabine is trying to find out more about you and your plans. Answer her questions in the affirmative.

BEISPIEL:

Treibst du gern Sport?   *Ja, ich treibe gern Sport.*

🔊 **P Ich nicht** A new acquaintance has a number of questions about you. Unfortunately, you have to answer all in the negative. Use **nicht** in the proper place.

BEISPIEL:

Treibst du gern Sport?   *Nein, ich treibe nicht gern Sport.*

🔊 **Q Und du?** Comment on things you and your friends do. Then ask whether others also do those things.

BEISPIEL:

Ich arbeite heute Abend. Und du?   *Arbeitest du auch heute Abend?*

Name _____ Datum _____

Das Land und das Wetter

KAPITEL 2

Übungen zum Hörverständnis

A **Alles ist relativ!** Listen to the reading of "Alles ist relativ!"

CD 1 Track 27

B **Richtig oder falsch?** You will hear ten statements based on the reading "Alles ist relativ!" Check **richtig** if the statement is correct according to the information in the reading passage. Check **falsch** if the statement is incorrect.

CD 1 Track 28

	Richtig	Falsch		Richtig	Falsch
1.	_____	_____	6.	_____	_____
2.	_____	_____	7.	_____	_____
3.	_____	_____	8.	_____	_____
4.	_____	_____	9.	_____	_____
5.	_____	_____	10.	_____	_____

C **Das Wetter** You will hear six short conversational exchanges about the weather. Read the following statements based on them. Check **richtig** if the statement is correct; check **falsch** if it is incorrect. You will hear a new expression:

CD 1 Track 29

(schon) wieder   *(yet) again*

		Richtig	Falsch
▶	Es regnet heute.	_____	✓
1.	Heute ist es kalt.	_____	_____
2.	Heute ist es schön.	_____	_____
3.	Es ist heute kalt.	_____	_____
4.	Morgen ist es bestimmt warm.	_____	_____
5.	Es schneit.	_____	_____
6.	Hoffentlich regnet es morgen wieder.	_____	_____

D **Welches Wort?** You will hear seven words. Check the word in each printed pair that you hear pronounced.

▶ _____✓_____ bleiben _____ treiben

1. _____ nett _____ Bett

2. _____ Mehr _____ sehr

3. _____ Schnee _____ schön

4. _____ morgen _____ Norden

5. _____ vier _____ für

6. _____ heiß _____ weiß

7. _____ scheinen _____ schneien

E **Entgegnungen (responses)** Anna is telling about her trip to attend a birthday party in Berlin. You will hear four statements she makes about the trip and the party. Read the two possible replies for each statement. Check the letter of the reply that makes sense.

▶ _____✓_____ a. Ja, Berlin ist sehr schön.

_____ b. Wie war's in Berlin?

1. _____ a. Das glaube ich.

_____ b. Wie war die Reise?

2. _____ a. Ja, da sind die Straßen ruhig.

_____ b. Ja, da sind viele Autos auf den Straßen.

3. _____ a. Das ist schrecklich.

_____ b. Waren viele Leute da?

4. _____ a. Hoffentlich bist du bald wieder fit.

_____ b. Das ist wirklich toll.

F **Ein Telefongespräch (telephone conversation)** Dieter calls Ingrid on the telephone. Listen to their conversation, then check the correct answers to the following five questions. You will hear two new words:

mit with
oder? or will you?

1. Was macht Ingrid?

_____ a. Sie spielt Schach.

_____ b. Sie ist im Bett und hört Musik.

2. Wie war das Wetter gestern?

_____ a. Nass und kalt.

_____ b. Schön warm.

3. Warum spielt sie nicht mit Dieter Tennis?

_____ a. Sie spielt nicht gern Tennis.

_____ b. Sie ist krank.

4. Wie ist das Wetter heute?

_____ a. Es ist schönes Wetter.

_____ b. Es regnet.

5. Was macht Dieter?

_____ a. Er geht ins Kino.

_____ b. Er spielt vielleicht mit Barbara Tennis.

G **Wie ist das Wetter?** You will hear a telephone conversation between Anna and her father who is in Mainz. Then read the following four statements. Check **richtig** if the statement is correct. Check **falsch** if the statement is incorrect. You will hear three new expressions:

dich	*you*
Sag mal.	*Tell me.*
Vati	*Dad*

	Richtig	Falsch
1. In Tübingen ist das Wetter schlecht.	_____	_____
2. In Mainz ist es kalt und es regnet.	_____	_____
3. In Tübingen sind es 24 Grad.	_____	_____
4. Für Sommer sind 17 Grad warm.	_____	_____

Übungen zur Aussprache

H **Word pairs** Listen and repeat the word pairs. You may wish to review the pronunciation of long and short **o** and **ö** in *Appendix C* of your textbook.

long $\bar{e}$	long $\bar{ö}$		short e	short ö
Hefe	Höfe		Gent	gönnt
Lehne	Löhne		helle	Hölle
Sehne	Söhne		kennen	können
beten	böten		Beller	Böller
hehle	Höhle		Bäcker	Böcke

long $\bar{o}$	long $\bar{ö}$		short o	short ö
schon	schön		konnte	könnte
Ofen	Öfen		Frosch	Frösche
losen	lösen		Koch	Köche
hohe	Höhe		Bock	Böcke
tot	töten		Kopf	Köpfe

🔊 CD 1 Track 35 **Sentences** Now listen and repeat the sentences, paying special attention to the way you pronounce long and short **o** and **ö** in the boldfaced words.

1. Wie ist der **Sommer** in **Österreich**?
2. Im **Sommer** ist es **oft schön**.
3. Deutschland liegt weiter **nördlich** als Amerika.
4. Er **hört** die **Wörter** nicht.

Mündliche Übungen

🔊 CD 1 Track 36 **J Ein Picknick** You and your friends are going to drive in different cars to a picnic spot in the country. Inform your friend that the people mentioned know where the picnic is. Use pronouns in your responses.

BEISPIEL:

Weiß Ursel, wo das Picknick ist?   *Ja, sie weiß es.*
Und Andreas?   *Ja, er weiß es.*

🔊 CD 1 Track 37 **K Wie war das Wetter?** Practice making comments about the weather. Restate the sentences in the past tense.

BEISPIEL:

Das Wetter ist schön.   *Das Wetter war schön.*

🔊 CD 1 Track 38 **L So sind sie** Restate the following statements about one person or place in Germany, so they apply to more than one person or one place in the country.

BEISPIEL:

Die Stadt ist schön.   *Die Städte sind schön.*

🔊 CD 1 Track 39 **M Was ist das?** Jan is taking his first drawing course and is showing some of his first attempts to draw things. You're a little doubtful about the results. Use an indefinite article in the response.

BEISPIEL:

Das Kind ist nicht schlecht, nicht?   *Das ist ein Kind?*

🔊 CD 1 Track 40 **N Das ist es nicht** To get back at you, Jan pretends he can't figure out what you have drawn. Tell him his guesses are wrong. Use a form of **kein** in your responses.

BEISPIEL:

Ist das eine Frau?   *Nein, das ist keine Frau.*

🔊 CD 1 Track 41 **O Nicht oder kein?** You are showing your friend photographs, and he is not always sure what he is seeing. Use **nicht** or **kein** before the predicate noun, as appropriate.

BEISPIEL:

Ist das die Hauptstadt?   *Nein, das ist nicht die Hauptstadt.*
Ist das ein Italiener?   *Nein, das ist kein Italiener.*

🔊 CD 1 Track 42 **P Wie ist dein Zimmer?** Christian has a number of assumptions about your friends' possessions. Say he is correct. Use the appropriate possessive adjectives in your answers.

BEISPIEL:

Ist Evas Zimmer groß?   *Ja, ihr Zimmer ist groß.*

Essen und Einkaufen

KAPITEL 3

Übungen zum Hörverständnis

A **Einkaufen in Deutschland** Hören Sie sich das Lesestück „Einkaufen in Tübingen" an. *(Listen to the reading of "Einkaufen in Deutschland.")*

B **Richtig oder falsch?** Sie hören acht Aussagen über das Lesestück „Einkaufen in Deutschland". Markieren Sie **richtig,** wenn die Aussage mit der Information aus dem Lesestück übereinstimmt. Markieren Sie **falsch,** wenn die Aussage nicht korrekt ist. *(You will hear eight statements based on the reading "Einkaufen in Deutschland ." Check **richtig** if the statement is correct according to the information in the reading passage. Check **falsch** if the statement is incorrect.)*

Richtig	Falsch
1. _____	_____
2. _____	_____
3. _____	_____
4. _____	_____
5. _____	_____
6. _____	_____
7. _____	_____
8. _____	_____

C **Der richtige Laden** *(The right store)* Sie hören vier kurze Gespräche. In welchem Geschäft hören Sie das Gespräch? Markieren Sie jeweils das richtige Geschäft. *(You will hear four short conversations. In which store do you hear the conversation? Check the correct store in each instance.)* Sie hören zwei neue Wörter *(You will hear two new words)*:

Packung   *box*
Paracetamol   *a type of headache medicine*

1. _____ Bäckerei   _____ Buchhandlung

2. _____ Supermarkt   _____ Lebensmittelgeschäft

3. _____ Metzger   _____ Markt

4. _____ Apotheke   _____ Drogerie

D **Entgegnungen (responses)** Sie hören sechs Fragen oder Aussagen. Sie sehen dazu jeweils zwei mögliche Antworten. Markieren Sie die passende Antwort. *(You will hear six questions or statements. In each instance you will see two possible replies. Check the appropriate reply.)* Sie hören einen neuen Ausdruck *(You will hear one new expression):*

ein paar   *a few*

1. _____ a. Ja, ich gehe in den Supermarkt.

   _____ b. Ja, ich gehe ins Kino.

2. _____ a. Nein, wir haben noch viel Brot.

   _____ b. Ja, wir brauchen Wurst.

3. _____ a. Gut, ich gehe in den Supermarkt.

   _____ b. Das Brot ist besser bei Müller.

4. _____ a. Ja, geh doch in die Apotheke.

   _____ b. Ich glaube ja.

5. _____ a. Wie viel brauchst du?

   _____ b. Okay, ich gehe in die Buchhandlung.

6. _____ a. Gut, ich kaufe drei Pfund.

   _____ b. Sonst noch etwas?

E **Diktat: Gabis Geburtstag** Sie hören einen Bericht über Gabis Geburtstag. Ergänzen Sie den Bericht mit den fehlenden Wörtern. *(You will hear a report about Gabi's birthday. Complete the report with the missing words.)*

Gabi hat heute _____. Drei _____ kommen

zum Kaffee. Angelika geht _____ _____

_____ und kauft für Gabi _____

_____ über Frankreich. Das ist leider nicht

ganz _____. Karin hat nicht so viel Geld.

Sie geht auf _____ _____ und kauft

schöne _____. Sie sind ganz _____. Und

Susanne kauft beim _____ viel _____.

Jetzt hat auch sie _____ _____

_____. Aber bei Gabi ist es sehr _____. Sie

_____ Kuchen, hören Musik und finden _____

_____ wirklich schön.

🔊 **F** **Das neue Zimmer** Melanie und Michael sprechen über Melanies neues Zimmer. Lesen Sie zuerst
CD 2
Track 7 die folgenden Fragen und hören Sie sich dann das Gespräch an. Beantworten Sie dann die Fragen auf
Deutsch. *(Melanie and Michael are speaking about Melanie's new room. First, read the questions and then,
listen to the conversation. Then, answer the questions in German.)* Sie hören ein neues Wort *(You will hear
one new word)*:

Schreibtisch   *desk*

1. Wie findet Melanie ihr neues Zimmer?

    _____

2. Was braucht sie noch?

    _____

3. Was hat Michael für Melanie?

    _____

4. Wie viel Euro bekommt Michael für die Lampe?

    _____

Übungen zur Aussprache

🔊 **G** **Word pairs** Listen and repeat the word pairs. You may wish to review the pronunciation of long
CD 2
Track 8 and short **ü** and **u** in *Appendix C* of your textbook.

long $\bar{\imath}$	long $\bar{\ddot{u}}$	short i	short ü
Biene	Bühne	Kiste	Küste
diene	Düne	Lifte	Lüfte
Kiel	kühl	Kissen	küssen
liegen	Lügen	missen	müssen
fielen	fühlen	Binde	Bünde

long $\bar{\ddot{u}}$	short ü	long $\bar{u}$	long $\bar{\ddot{u}}$	short u	short ü
Füße	Flüsse	Huhn	Hühner	Fluss	Flüsse
Mühle	Müll	Hut	Hüte	Bund	Bünde
Sühne	Sünde	Fuß	Füße	Kuss	Küsse
Blüte	Bütte	Zug	Züge	Luft	Lüfte
Düne	dünne	Blut	Blüte	Kunst	Künste

🔊 **Sentences** Now listen and repeat the sentences, paying special attention to the way you
CD 2
Track 9 pronounce long and short **ü** and **u** in the boldfaced words.

1. **Für** ihren Mann kauft sie einen **Butterkuchen**.
2. Der **Student** kann seine **Bücher** nicht finden.
3. **Jürgen sucht** ein **Buch über Musik**.
4. Im **Frühling** sind die **Blumen** auf dem Markt besonders schön.

Mündliche Übungen

🔊 **I** **Was nehmen wir?** Sie sind mit ein paar Freunden in einem Restaurant. Geben Sie an, was jede
CD 2
Track 10 Person nimmt. Verwenden Sie die richtige Form von **nehmen**. *(You're in a restaurant with a group of friends. Indicate what each person will take. Use the proper form of **nehmen**.)*

BEISPIEL:

Claudia / Kaffee   *Claudia nimmt Kaffee.*

🔊 **J** **Was essen sie gern?** Sie planen ein Picknick. Fragen Sie, was die folgenden Leute gerne essen
CD 2
Track 11 möchten. Verwenden Sie die richtige Form von **essen**. *(You're planning a picnic. Ask what the following people would like to eat. Use the proper form of **essen**.)*

BEISPIEL:

Frank   *Was isst Frank gern?*

🔊 **K** **Einkaufen gehen** Eine Freundin von Ihnen kauft viele Dinge für ihr Zimmer. Sie fragen, ob sie
CD 2
Track 12 verschiedene Gegenstände kaufen möchte. *(A friend of yours is buying many things for her room. You ask whether she would like to buy various objects.)*

BEISPIEL:

Die Lampe ist lustig.   *Kaufst du die Lampe oder nicht?*

🔊 **L** **Was suchst du?** Als sie von einem Ausflug zurückkommen, vermissen einige der Studenten
CD 2
Track 13 irgendwelche Gegenstände. Sagen Sie, dass die Person jeweils ihren eigenen Gegenstand sucht.
Verwenden Sie in Ihren Sätzen Possessivpronomen. *(When they return from an excursion several of the students are missing certain objects. Say that in each case the person is looking for her/his own object. Use possessive adjectives in your sentences.)*

BEISPIEL:

Gerd sucht einen Bleistift.   *Gerd sucht seinen Bleistift.*

🔊 **M** **Nein danke!** Marcel möchte Ihnen alle möglichen Dinge leihen. Sagen Sie, dass Sie diese nicht
CD 2
Track 14 brauchen. Verwenden Sie in Ihren Antworten die passenden Pronomen. *(Marcel would like to lend you all sorts of things. Say that you don't need these things. Use the appropriate pronouns in your answers.)*

BEISPIEL:

Brauchst du mein Buch über Schach?   *Nein danke! Ich brauche es nicht.*

Studieren in Deutschland

KAPITEL 4

Übungen zum Hörverständnis

A **Deutsche Studenten berichten über ihre Semesterferien** Hören Sie sich das Lesestück „Deutsche Studenten berichten über ihre Semesterferien" an.

CD 2 Track 15

B **Richtig oder falsch?** Sie hören neun Aussagen° über das Lesestück „Deutsche Studenten berichten über ihre Semesterferien". Markieren Sie **richtig,** wenn die Aussage korrekt ist. Markieren Sie **falsch,** wenn sie nicht stimmt.

statements

CD 2 Track 16

	Richtig	Falsch			Richtig	Falsch
1.	_____	_____		6.	_____	_____
2.	_____	_____		7.	_____	_____
3.	_____	_____		8.	_____	_____
4.	_____	_____		9.	_____	_____
5.	_____	_____				

C **Der richtige Ort (*place*)** Sie hören sechs Fragen dazu, wo man etwas macht. Markieren Sie den richtigen Ort (**a.** oder **b.**) für jede Aktivität.

CD 2 Track 17

1. _____ a. im Café _____ b. im Seminar

2. _____ a. in der Bäckerei _____ b. an der Uni

3. _____ a. im Studentenheim _____ b. auf dem Markt

4. _____ a. in der Bibliothek _____ b. in der Metzgerei

5. _____ a. im Supermarkt _____ b. im Kino

6. _____ a. in der Vorlesung _____ b. in der Buchhandlung

D **Die richtige Entgegnung (*response*)** Sie hören fünf Fragen. Markieren Sie die Antwort, die sinnvoll ist°.

CD 2 Track 18

sinnvoll ist: makes sense

1. _____ a. Ich kann leider nicht. Ich muss in die Bibliothek.

_____ b. Ich mache Physik als Hauptfach.

2. _____ a. Mein Referat ist jetzt fertig.

_____ b. Im Wintersemester mache ich Examen.

3. _____ a. Anglistik und Sport. Und du?

_____ b. Ich muss in acht Semestern fertig werden.

4. _____ a. Ich muss noch zwei Semester studieren.

_____ b. Diese Woche muss ich ein Referat schreiben.

5. _____ a. Ja natürlich, gern.

_____ b. Ich studiere Musik und Sport.

CD 2
Track 19 **E** **Das richtige Wort** Sie hören zehn Wörter. Markieren Sie bei jedem Wortpaar, welches Wort Sie hören.

1. _____ Arbeit   _____ Abitur   6. _____ werden   _____ wohnen

2. _____ sollen   _____ wollen   7. _____ Klausur   _____ Kurs

3. _____ müssen   _____ wissen   8. _____ können   _____ kennen

4. _____ leihen   _____ bleiben   9. _____ Fach   _____ Fisch

5. _____ seit   _____ Zeit   10. _____ zahlen   _____ erzählen

CD 2
Track 20 **F** **Eine deutsche Studentin** Sie hören einen kurzen Bericht über die Studentin Dagmar, ihr Studium und ihre Aktivitäten. Hören Sie zu und markieren Sie dann die richtigen Antworten zu den folgenden Fragen.

1. Was studiert Dagmar?

_____ a. Sie studiert Physik.

_____ b. Sie studiert in Marburg.

_____ c. Sie studiert Germanistik und Geschichte.

2. Warum studiert sie nicht Medizin?

_____ a. Sie findet es nicht interessant.

_____ b. Sie hatte schlechte Noten vom Gymnasium.

_____ c. In Marburg kann man nicht Medizin studieren.

3. Was macht sie dieses Semester?

_____ a. Sie schreibt viele Klausuren.

_____ b. Sie leiht Michael ihre Notizen.

_____ c. Sie schreibt ein Referat.

4. Wo arbeitet Dagmar für die Klausuren?

_____ a. Im Seminar.

_____ b. Im Café.

_____ c. Sie geht in die Bibliothek.

5. Was kann Dagmar nicht oft machen?

_____ a. In ein Café gehen und ihre Freunde sehen.

_____ b. Ins Kino gehen.

_____ c. Einkaufen gehen.

G **Der Roman** Sie hören ein Gespräch zwischen Anna und Leon. Lesen Sie die folgenden fünf Aussagen zu dem Gespräch. Markieren Sie **richtig,** wenn die Aussage stimmt. Markieren Sie **falsch,** wenn die Aussage nicht stimmt.

CD 2 Track 21

Sie hören zwei neue Ausdrücke:

echt   *genuine*
vielen Dank   *many thanks*

Richtig	Falsch	
1. _____	_____	Leon möchte Annas Buch leihen.
2. _____	_____	Anna mag den Roman nicht so sehr.
3. _____	_____	Leon möchte das Buch auch mal wieder lesen.
4. _____	_____	Er kann es Anna auch auf Deutsch leihen.
5. _____	_____	Leon findet John Irving nicht besonders gut.

Übungen zur Aussprache

H **Word pairs** Listen and repeat the word pairs. You may wish to review the pronunciation of long and short **a** in *Appendix C* of your textbook.

CD 2 Track 22

Bahn	Bann	Bann	Bonn
kam	Kamm	Kamm	komm
Staat	Stadt	Matte	Motte
Schlaf	schlaff	knalle	Knolle
lahm	Lamm	falle	volle

I **Sentences** Now listen and repeat the sentences, paying special attention to the way you pronounce long and short **a** and short **o** in the boldfaced words.

CD 2 Track 23

1. **Komm doch** mit in die **Stadt!**
2. **Was soll** ich **noch machen**?
3. Der **Abend war aber interessant**.
4. Wer **sagt das**?
5. Musst du heute **Nachmittag noch** viel **arbeiten**?
6. Ich **habe noch** eine **Frage** an **Professor Bachmann**.

Mündliche Übungen

CD 2
Track 24
J **Wohin fährst du?** Sie diskutieren mit einem Freund Ihre Reisepläne für den Sommer. Sagen Sie, wohin jeder fährt. Benutzen Sie eine Form von **fahren**.

BEISPIEL:
Birgit / Italien   *Birgit fährt nach Italien.*

CD 2
Track 25
K **In den Bergen (*mountains*)** Sagen Sie, warum Sie und Ihre Freunde nicht auf dem Ausflug° in die Berge waren.   *excursion*

Sie hören einen neuen Ausdruck:

Angst haben   *to be afraid*

BEISPIEL:
Dennis hat keine Zeit.   *Dennis hatte keine Zeit.*

CD 2
Track 26
L **Welcher? Dieser?** Sie sind mit einem Freund beim Einkaufen. Ihr Freund kommentiert die verschiedenen° Gegenstände°. Fragen Sie, welchen Gegenstand er   *various / objects* meint. Benutzen Sie die Nominativform von **welcher** und **dieser**.

BEISPIEL:
Der Kuli ist teuer.   *Welcher Kuli ist teuer? Dieser hier?*

CD 2
Track 27
M **Was müssen diese Leute tun?** Sagen Sie, was diese Leute tun müssen.

BEISPIEL:
Frau Professor Kluge: in die Vorlesung gehen   *Frau Professor Kluge muss in die Vorlesung gehen.*

CD 2
Track 28
N **Das darf man nicht** Sagen Sie, was diese Leute nicht tun dürfen.

BEISPIEL:
wir: hier nicht schwimmen   *Wir dürfen hier nicht schwimmen.*

CD 2
Track 29
O **Was magst du?** Sie fragen, was verschiedene Leute mögen oder was sie nicht mögen. Verwenden Sie eine Form von **mögen**.

BEISPIEL:
du: Fisch   *Magst du Fisch?*

Österreich

Übungen zum Hörverständnis

A **Österreich hat etwas für alle!** Hören Sie sich das Lesestück „Österreich hat etwas für alle!" an.

CD 2
Track 30

B **Richtig oder falsch?** Sie hören acht Aussagen über das Lesestück „Österreich hat etwas für alle!"
Markieren Sie die Aussagen als **richtig** oder **falsch**.

CD 2
Track 31

	Richtig	Falsch			Richtig	Falsch
1.	_____	_____		5.	_____	_____
2.	_____	_____		6.	_____	_____
3.	_____	_____		7.	_____	_____
4.	_____	_____		8.	_____	_____

C **Ist das logisch?** Sie hören acht Fragen mit ihren Antworten. Wenn die Antwort auf die Frage
logisch ist, markieren Sie **logisch**. Wenn sie unlogisch ist, markieren Sie **unlogisch**.

CD 2
Track 32

	Logisch	Unlogisch			Logisch	Unlogisch
1.	_____	_____		5.	_____	_____
2.	_____	_____		6.	_____	_____
3.	_____	_____		7.	_____	_____
4.	_____	_____		8.	_____	_____

D **Die richtige Wortbedeutung *(The correct meaning)*** Sie hören sechs
Aussagen. Zu jeder Aussage lesen Sie zwei Wörter. Markieren Sie das Wort, das° zu
der Aussage passt°.

CD 2
Track 33

that
fits

▶ _____ Flugzeug   ✓ Rad

1.	_____ Bern	_____ Wien	4.	_____ Ski laufen	_____ im See schwimmen
2.	_____ Ferien	_____ Alpen	5.	_____ Vogel	_____ Auto
3.	_____ zu Hause	_____ allein	6.	_____ fliegen	_____ zu Fuß gehen

E **Ein Interview** Die Journalistin Frau Berger interviewt Herrn Kaiser über die Reisegewohnheiten° der Deutschen. Hören Sie sich das Interview an. Markieren Sie dann die richtigen Antworten zu den folgenden Fragen. *travel habits*

1. Welches Land ist Ferienland Nummer 1 für die Deutschen?

   _____ a. Die Schweiz.

   _____ b. Österreich.

   _____ c. Dänemark.

2. Warum fahren die Deutschen gern nach Österreich?

   _____ a. In Österreich scheint immer die Sonne.

   _____ b. In Österreich ist das Essen teuer.

   _____ c. Österreich ist ein sehr schönes Land.

3. Wie reist man von Deutschland nach Österreich?

   _____ a. Viele Leute fahren mit dem Motorrad nach Österreich.

   _____ b. Man braucht nicht lange zu fahren.

   _____ c. Man kann mit dem Zug oder dem Auto fahren.

4. Was machen die Deutschen, wenn sie nach Österreich fahren?

   _____ a. Sie wandern und schwimmen.

   _____ b. Sie fahren viel mit dem Rad.

   _____ c. Sie spielen Tennis.

5. Mit wem fährt Herr Kaiser in die Ferien?

   _____ a. Mit Freunden.

   _____ b. Mit Deutschen.

   _____ c. Mit Frau Berger.

6. Wo schlafen die Freunde, wenn das Wetter gut ist?

   _____ a. Bei Freunden.

   _____ b. Im Auto.

   _____ c. Sie zelten.

F Skilaufen in Österreich Claudia und Florian sprechen über Claudias Winterferien. Lesen Sie zuerst die folgenden Fragen. Sie können Notizen machen, während° Sie zuhören°. Beantworten Sie dann die Fragen auf Deutsch.

CD 2 Track 35

while / listening

1. Was macht Claudia in den Winterferien?

   _____

2. Mit wem fährt Claudia in die Ferien?

   _____

3. Warum macht Claudia einen Skikurs?

   _____

4. Warum möchte Claudia nicht mit dem Auto nach Österreich fahren?

   _____

Übungen zur Aussprache

G Word pairs Listen and repeat the word pairs. You may wish to review the pronunciation of **k, ck, ch,** and **sch,** and the suffix **-ig** in *Appendix C* of your textbook.

CD 2 Track 36

[k]	[x]	[ç]	[š]	[x]	[ç]
Flak	flach	welche	Welsche	Bach	Bäche
nackt	Nacht	Fächer	fescher	Loch	Löcher
Akt	acht	Wicht	wischt	Bruch	Brüche
Buk	Buch	Gicht	Gischt	sprach	spräche
Lack	Lachen	Löcher	Löscher	Buch	Bücher

[iç]	[ig]
Pfennig	Pfennige
König	Könige
schuldig	schuldige
billig	billiger

H Sentences Now listen and repeat the sentences, paying special attention to the sounds [k], [x], [ç], and [š] in the boldfaced words.

CD 2 Track 37

1. Wir **können noch frischen Kuchen** beim **Bäcker kaufen.**
2. Unsere **Nachbarin** Frau **Gärstig kann wirklich keinen** guten **Kaffee kochen.**
3. **Christl spricht** sehr **wenig.**
4. Oft sagt sie die ganze **Woche nichts.**

Mündliche Übungen

🔊 CD 2 Track 38

I Wir laufen gern Sie sagen, wann diese Leute laufen.

BEISPIEL:

Rita / morgens   Rita läuft morgens.

🔊 CD 2 Track 39

J Was sagt Peter? Erzählen Sie einem Freund, was Peter Ihnen gesagt hat° über Dinge, die er machen muss oder die er gerne machen möchte.

gesagt hat: *told*

BEISPIEL:

Ich möchte die Notizen von Katrin haben.   *Er sagt, dass er die Notizen von Katrin haben möchte.*

🔊 CD 2 Track 40

K Was macht Dieter? Beantworten Sie die Fragen. Benutzen Sie die Dativform der angegebenen° Pronomen oder der Possessivpronomen plus Substantive.

provided

BEISPIEL:

Wem kauft Dieter neue Weingläser? (seine Eltern)   *Seinen Eltern.*

NOCH EIN BEISPIEL:

Wem leiht er sein neues Fahrrad? (ich)   *Mir.*

🔊 CD 2 Track 41

L Nein, das ist nicht richtig Ein Freund macht falsche Aussagen über Christine. Korrigieren Sie diese Aussagen. Ersetzen° Sie das Objekt der Präposition mit dem angegebenen Stichwort°.

replace

angegebenen Stichwort: *cue provided*

BEISPIEL:

Christine kommt aus Österreich, nicht? (die Schweiz)   *Nein, aus der Schweiz.*

In der Freizeit

Übungen zum Hörverständnis

A Freizeitaktivitäten am Wochenende Hören Sie sich das Lesestück „Freizeitaktivitäten am Wochenende" an.

CD 3 Track 2

B Richtig oder falsch? Sie hören zehn Aussagen über das Lesestück „Freizeitaktivitäten am Wochenende". Markieren Sie die Aussagen als **richtig** oder **falsch**.

CD 3 Track 3

	Richtig	Falsch			Richtig	Falsch
1.	_____	_____		6.	_____	_____
2.	_____	_____		7.	_____	_____
3.	_____	_____		8.	_____	_____
4.	_____	_____		9.	_____	_____
5.	_____	_____		10.	_____	_____

C Das Gegenteil (the opposite) Sie hören fünf Fragen mit einem *Adjektiv* oder einem *Adverb*. Ergänzen Sie die folgenden Antworten, indem Sie jeweils° das Antonym des *Adjektivs* oder *Adverbs* markieren.

CD 3 Track 4

in each case

▶ Nein, er ist ...   ✓_____ a. kalt   _____ b. toll

1. Nein, er hat ... Geld.   _____ a. wenig   _____ b. schon

2. Nein, sie war ...   _____ a. fertig   _____ b. langweilig

3. Nein, es ist ...   _____ a. teuer   _____ b. frisch

4. Nein, ich gehe ... nach Hause.   _____ a. oft   _____ b. früh

5. Nein, sie ist ...   _____ a. gesund   _____ b. möglich

D Diktat. Sophia und Karla packen für ihre Reise nach Hamburg. Ergänzen Sie das Gespräch mit den Wörtern, die Sie hören. Sie hören einen neuen Ausdruck°:

CD 3 Track 5

expression

Was meinst du?   *What do you think?*

Sophia: Glaubst du, wir brauchen sehr warme_____, Karla?

Karla: Nein, ich glaube nicht. Eine _____ und der

_____ sind bestimmt genug.

SOPHIA: Gut. Du, _____ du mir deine rote _____?

Die _____ gut _____ zu meinem

schwarzen _____.

KARLA: Ja, ja. Was meinst du – _____ _____

meinen grünen Hut mitnehmen?

SOPHIA: Nein, bitte nicht!

KARLA: Also gut. Aber den grünen _____ _____

ich.

SOPHIA: Und deine _____ _____ du auch

mitbringen.

CD 3
Track 6 **E** **Arbeiten am Computer** Karin und Moritz sprechen darüber, was sie alles mit dem Computer machen. Hören Sie sich das Gespräch an und markieren Sie die richtigen Antworten zu den folgenden Fragen.

1. Wo war Karin gestern Abend?

   _____ a. In der Bibliothek.

   _____ b. Zu Hause.

   _____ c. Bei Freunden.

2. Was hat sie am Computer gemacht?

   _____ a. Sie hat E-Mails geschrieben.

   _____ b. Sie hat ihre Hausarbeit geschrieben.

   _____ c. Sie hat im Internet gesurft.

3. Mag Moritz Computerspiele?

   _____ a. Nein, er findet sie langweilig.

   _____ b. Ja, er findet sie toll.

   _____ c. Ja, er macht ganz gern Computerspiele.

4. Schreibt Karin oft E-Mails?

   _____ a. Nein, denn sie schreibt nicht gern.

   _____ b. Ja, sehr oft.

   _____ c. Ja, denn sie findet Telefonieren zu teuer.

5. Wie findet Moritz das Chatten?

   _____ a. Er findet es sehr interessant.

   _____ b. Er findet es uninteressant.

   _____ c. Er findet es manchmal ganz lustig.

F Im Café an der Uni Marie und Daniel treffen sich in der Cafeteria. Hören Sie sich ihr
Gespräch an und markieren Sie die richtigen Ergänzungen zu den folgenden Aussagen. Sie hören
drei neue Wörter:

Juraklausur   *law exam*
spontan   *spontaneous*
übrigens   *by the way*

1. Marie sieht müde aus, weil …

    _____ a. sie lange gelernt hat.

    _____ b. sie zu viel gelesen hat.

    _____ c. sie zu spät ins Bett gegangen ist.

2. Sarah hat Marie …

    _____ a. schon vor langer Zeit eingeladen.

    _____ b. gestern Abend ganz spontan eingeladen.

    _____ c. gefragt, ob sie heute Abend zu ihr zum Essen kommen möchte.

3. Sarah …

    _____ a. geht oft mit Marie ins Kino.

    _____ b. geht immer nach einem guten Essen aus.

    _____ c. kann gut kochen.

4. Daniel …

    _____ a. hat lange geschlafen.

    _____ b. hat für eine Juraklausur gelernt.

    _____ c. hat nur vier Stunden für die Klausur gelernt und dann geschlafen.

5. Daniel fragt Marie, ob sie …

    _____ a. heute Abend etwas vorhat.

    _____ b. heute Abend früh ins Bett geht.

    _____ c. etwas essen möchte.

Übungen zur Aussprache

CD 3
Track 8 **G** **Word pairs** Listen and repeat the word pairs. You may wish to review the pronunciation of **s** (before and between vowels), **ß (ss)**, and **z** in *Appendix C* of your textbook.

[s]	[ts]	[s̩]	[s]	[ts]
so	Zoo	reisen	reißen	reizen
sehen	zehn	heiser	heißen	heizen
Seile	Zeile	Geisel	Geiß	Geiz
sog	zog	weisen	weißen	Weizen
Sohn	Zone	leise	beißen	beizen

CD 3
Track 9 **H** **Sentences** Now listen and repeat the sentences, paying special attention to the way you pronounce **s**, **ß (ss)**, and **z** in the boldfaced words.

1. Warum haben **Sie zwei Gläser,** und **Sabine** hat nur ein **Glas**?
2. **Sie müssen** doch **wissen, was Sie essen sollen**.
3. Kann man wirklich **zu** viel **lesen**?
4. Wie **heißt** Ihr **Sohn**, Frau **Seidel**?
5. Wenn ich im **Sommer Zeit** habe, mache ich eine **Reise**° in die **Schweiz**.   *trip*

Mündliche Übungen

CD 3
Track 10 **I** **Wir haben es schon gehört** Ihre Freundin möchte anderen ein paar Neuigkeiten° erzählen. Sagen Sie, dass diese Leute die Neuigkeiten schon gehört haben.   *news*

BEISPIEL:

Frau Fischer   *Frau Fischer hat es schon gehört.*

CD 3
Track 11 **J** **Ich hab's schon gemacht** Jessica möchte viele verschiedene° Dinge tun. Sagen Sie ihr, dass Sie das schon gemacht haben.   *various*

BEISPIEL:

Koch jetzt Kaffee.   *Den Kaffee habe ich doch schon gekocht.*

CD 3
Track 12 **K** **Pizza machen** Erzählen Sie, wie Mustafa Pizza gemacht hat. Setzen Sie die Sätze ins *Perfekt*.

BEISPIEL:

Warum schläft Mustafa heute so lange?   *Warum hat Mustafa heute so lange geschlafen?*

CD 3
Track 13 **L** **Studentenleben** Geben Sie die folgenden Fragen und Antworten im *Perfekt* wieder.

BEISPIEL:

Arbeitet Klaus seine Vorlesungsnotizen durch?   *Hat Klaus seine Vorlesungsnotizen durchgearbeitet?*
—Ja, er arbeitet sie für seine Englischklausur   *—Ja, er hat sie für seine Englischklausur*
durch.   *durchgearbeitet.*

CD 3
Track 14 **M** **So war es** Geben Sie die folgenden Fragen und Antworten im *Perfekt* wieder.

BEISPIEL:

Fährst du mit dem Auto?   *Bist du mit dem Auto gefahren?*
—Nein, ich fliege.   *—Nein, ich bin geflogen.*

Andere Länder – andere Sitten

KAPITEL 7

Übungen zum Hörverständnis

🔊 **A** **Ein Austauschstudent in Deutschland** Hören Sie sich das Lesestück „Ein Austauschstudent
CD 3 Track 15 in Deutschland" an.

🔊 **B** **Richtig oder falsch?** Sie hören sieben Aussagen über das Lesestück „Ein Austauschstudent in
CD 3 Track 16 Deutschland". Markieren Sie die Aussagen als **richtig** oder **falsch**. Sie hören ein neues Wort:

Unterschiede   *differences*

	Richtig	**Falsch**		**Richtig**	**Falsch**
1.	_____	_____	5.	_____	_____
2.	_____	_____	6.	_____	_____
3.	_____	_____	7.	_____	_____
4.	_____	_____			

🔊 **C** **Ist das logisch?** Sie hören acht Fragen und Antworten. Markieren Sie die logischen Antworten
CD 3 Track 17 als **logisch** und die unlogischen als **unlogisch**.

	Logisch	**Unlogisch**		**Logisch**	**Unlogisch**
1.	_____	_____	5.	_____	_____
2.	_____	_____	6.	_____	_____
3.	_____	_____	7.	_____	_____
4.	_____	_____	8.	_____	_____

🔊 **D** **Der richtige Ort *(place)*** Sie hören sechs Fragen. Sie lesen zu jeder Frage zwei Antworten.
CD 3 Track 18 Markieren Sie die passende Antwort.

1. _____ a. im Park   _____ b. auf der Autobahn

2. _____ a. in der Küche   _____ b. im Biergarten

3. _____ a. in eine Kneipe   _____ b. in die Bäckerei

4. _____ a. in einem Laden   _____ b. in einer Wohnung

5. _____ a. in die Vorlesung   _____ b. ins Café

6. _____ a. auf den Markt   _____ b. zum Arzt

E Zum Austausch *(on an exchange)* in Deutschland Thomas, ein amerikanischer Student, ist zum ersten Mal in Deutschland. Viele Dinge findet er hier anders als in den USA. Hören Sie sich an, was Thomas erzählt. Markieren Sie dann die passenden Antworten zu den folgenden Fragen. Die Fragen können mehrere° passende Antworten haben. Sie hören drei neue Wörter:

several

Balkon	*balcony*
Bäume	*trees*
Unterschiede	*differences*

1. Wo wohnt Thomas in Deutschland?

    _____ a. In einem Studentenwohnheim.

    _____ b. Bei einer Gastfamilie.

    _____ c. In München.

2. Was macht Frau Schneider?

    _____ a. Sie geht jeden Tag in die Bibliothek.

    _____ b. Sie arbeitet an den Blumen auf dem Balkon.

    _____ c. Sie arbeitet auf dem Bahnhof.

3. Wie isst man in Deutschland?

    _____ a. Man benutzt Messer und Gabel.

    _____ b. Man hat die Hände unter dem Tisch.

    _____ c. Beim Essen spricht man sehr wenig.

4. Was gibt es im Biergarten?

    _____ a. Es gibt große Gläser.

    _____ b. Es gibt sehr gutes Essen.

    _____ c. Es gibt Blumen und alte Bäume.

5. Was erzählt Thomas über das deutsche Bier?

    _____ a. Es schmeckt ziemlich bitter.

    _____ b. Die Deutschen trinken es sehr gern.

    _____ c. Es ist sehr teuer.

6. Kennt Thomas schon viele Leute?

    _____ a. Nein, er kennt nur Familie Schneider.

    _____ b. Ja, er hat schon viele Leute kennengelernt.

    _____ c. Nein, er kennt nur Stefan und Karin.

    _____ d. Nein, er kennt nur die Leute im Biergarten.

F Ein Telefongespräch Gabi hat eine neue Wohnung. Ihr alter Freund Fred ruft sie an. Hören Sie sich ihr Gespräch an. Markieren Sie dann die richtigen Antworten zu den folgenden Fragen. Sie hören vier neue Ausdrücke:

Arbeitszimmer	*study*
Balkon	*balcony*
ganz schön Geld	*quite a lot of money*
gehen nach Süden	*face the south*

1. Warum ruft Fred bei Gabi an?

   ———— a. Er will sie besuchen.

   ———— b. Er hört, sie hat eine neue Wohnung.

2. Wie viele Zimmer hat Gabis Wohnung?

   ———— a. 3 Zimmer, Küche und Bad.

   ———— b. 6 Zimmer.

3. Was gefällt Gabi sehr an der Wohnung?

   ———— a. Das große Badezimmer.

   ———— b. Der Balkon.

4. Wann kann Fred Gabis Wohnung sehen?

   ———— a. Am Samstag, auf dem Fest.

   ———— b. Heute Abend.

5. Was macht Gabi, wenn am Samstag schönes Wetter ist?

   ———— a. Sie geht Bücherregale kaufen.

   ———— b. Sie macht das Fest auf dem Balkon.

G Pläne Monika und Peter sprechen über ihre Pläne für den Abend. Lesen Sie die folgenden Fragen, bevor Sie sich das Gespräch anhören. Während° Sie zuhören, können Sie Notizen machen. Beantworten Sie dann die Fragen auf Deutsch. Sie hören vier neue Ausdrücke: *while*

'ne (eine) Weile	*a while*
zu Besuch	*for a visit*
warten	*to wait*
schwer	*difficult*

1. Was will Peter vielleicht nach der Vorlesung machen?

   ——

2. Wohin wollen Monika und Peter heute Abend gehen?

   ——

3. Warum will Peter erst° nicht mitgehen?   *at first*

_____

4. Wann sollen sie bei den Nachbarn sein?

_____

Übungen zur Aussprache

CD 3
Track 22 **H** **Word pairs** Listen and repeat the word pairs. You may wish to review the pronunciation of long and short **i** and **e** in *Appendix C* of your textbook.

long ī	short i	long ē	short e
bieten	bitten	beten	Betten
vieler	Filter	Fehler	Felle
Wiege	Wicke	Weg	weg
stiehlt	stillt	stehlt	stellt
riet	ritt	Reeder	Retter
ihn	in	fehle	Fälle
		gähnt	Gent

CD 3
Track 23 **I** **Sentences** Now listen and repeat the sentences, paying special attention to the way you pronounce long and short **i** and **e** in the boldfaced words.

1. Warum **sind sie nicht hier geblieben**?
2. Er **ist gestern gegen sechs** Uhr gegangen.
3. **Wie findest** du **dieses Winterwetter**?
4. **Diese Männer** haben doch **recht**°.   **recht haben:** *are right*
5. **Niemand**° **fliegt** nach **Wien**.   *No one*
6. **Dieses Beispiel** habe **ich in** der Zeitung **gelesen**.
7. **Jens trinkt immer Milch**.

Mündliche Übungen

CD 3
Track 24 **J** **Aufräumen** Sie und Ihr Bruder räumen die Wohnung auf. Beantworten Sie seine Fragen, indem Sie die Stichwörter in den *Akkusativ* oder den *Dativ* setzen.

BEISPIEL:
Wohin stell' ich das Radio? (auf / Nachttisch)   *Auf den Nachttisch.*

CD 3
Track 25 **K** **Ich weiß nicht** Ein Freund stellt Ihnen ein paar Fragen über Nicole und David. Sie sagen, dass Sie das nicht wissen. Sie hören ein neues Wort:

staatlich   *public*

BEISPIEL:
Hat Nicole im Sommer gearbeitet?   *Ich weiß nicht, ob sie im Sommer gearbeitet hat.*

Modernes Leben

Übungen zum Hörverständnis

A **Modernes Leben: Zwei Familien** Hören Sie sich das Lesestück „Modernes Leben: Zwei Familien" an.

B **Richtig oder falsch?** Sie hören acht Aussagen über das Lesestück „Modernes Leben: Zwei Familien". Markieren Sie die Aussagen als **richtig** oder **falsch**. Sie hören ein neues Wort:

versorgt   *looked after*

	Richtig	Falsch
1.	_____	_____
2.	_____	_____
3.	_____	_____
4.	_____	_____
5.	_____	_____
6.	_____	_____
7.	_____	_____
8.	_____	_____

C **Ist das logisch?** Sie hören sechs kurze Gespräche. Markieren Sie die Antworten als **logisch**, wenn sie auf die Frage oder Aussage passen, und als **unlogisch**, wenn sie nicht passen. Sie hören einen neuen Ausdruck:

Viel Glück!   *Good luck!*

	Logisch	Unlogisch
1.	_____	_____
2.	_____	_____
3.	_____	_____
4.	_____	_____
5.	_____	_____
6.	_____	_____

D Die gleiche Bedeutung (*meaning*) Sie hören sechs Sätze. Für jeden Satz, den° Sie hören, lesen Sie einen zweiten Satz. Markieren Sie **gleich**, wenn die beiden Sätze die gleiche Bedeutung haben. Markieren Sie **nicht gleich**, wenn sie nicht die gleiche Bedeutung haben.

that

	gleich	nicht gleich
1. Ich habe das Gefühl, dass du zu wenig Freizeit hast.	_____	_____
2. Frau Zeyse hat ihren Job aufgegeben, als ihre Tochter in den Kindergarten gekommen ist.	_____	_____
3. Frau Meier erzieht ihre Kinder alleine, denn ihr Mann hat keine Zeit.	_____	_____
4. Und, was ist bei euch in letzter Zeit passiert?	_____	_____
5. Herr Taler klagt über seine Kinder.	_____	_____
6. Hier können Sie kommen und gehen, wann Sie wollen.	_____	_____

E Ein Gespräch Isabelle Petzold war lange weg von ihrem Job, weil sie Elternzeit genommen hat. Jetzt ist sie wieder im Büro und spricht mit ihrem früheren Kollegen Paul Weimer. Hören Sie sich das Gespräch zwischen den beiden an. Dann markieren Sie die richtigen Antworten zu den folgenden Fragen. Sie hören drei neue Wörter:

Ehemann	*husband*
erwartet	*is expecting*
heiratet	*is getting married*

1. Was macht Isabelle Petzold im Moment?

   _____ a. Sie ist Hausfrau und Mutter.

   _____ b. Sie arbeitet halbtags in der Bibliothek.

2. Wie findet sie das Leben mit Kindern?

   _____ a. Sie findet es ruhig und gemütlich.

   _____ b. Sie ist manchmal ziemlich gestresst.

3. Wann kann Isabelle wieder in ihrem Beruf arbeiten?

   _____ a. Wenn ihre Mutter die Kinder nimmt.

   _____ b. Wenn ihre Tochter einen Kindergartenplatz hat.

4. Was macht Pauls Frau?

   _____ a. Sie arbeitet nicht.

   _____ b. Sie hat Kinder und arbeitet jetzt wieder halbtags.

---

5. Was erzählt Paul aus dem Büro?

    _____ a. Dass Walter nicht mehr dort arbeitet.

    _____ b. Dass Brigitte ein Baby erwartet.

6. Ist Isabelle froh, dass sie bald wieder im Büro arbeitet?

    _____ a. Ja, aber sie ist auch ein bisschen nervös.

    _____ b. Nein, denn sie mag es nicht, wenn die Kollegen so viel über andere Kollegen sprechen.

F **Ein Jobinterview** Leon bewirbt° sich für einen Semesterferien-Job in einem Buchladen. Er hat dort ein Interview mit Frau Berg. Hören Sie sich das Interview an. Lesen Sie dann die folgenden sechs Aussagen darüber. Markieren Sie die Aussagen als **richtig** oder **falsch**. Sie hören vier neue Ausdrücke:

bewirbt sich: *is applying for a job*

Brief	*letter*
aufpassen	*watch out*
niemand	*no one*
ohne zu bezahlen	*without paying*

	Richtig	**Falsch**	
1.	_____	_____	Leon hat mit Frau Berg telefoniert und nach einem Ferienjob gefragt.
2.	_____	_____	Leon macht sein Studium keinen großen Spaß.
3.	_____	_____	Leon braucht Geld.
4.	_____	_____	Leon muss bei der Arbeit im Buchladen nicht viel über Bücher wissen.
5.	_____	_____	Letzten Sommer hat Leon in einem Musikgeschäft gearbeitet.
6.	_____	_____	Leon kann nächste Woche mit der Arbeit beginnen.

Übungen zur Aussprache

G **Word pairs** Listen and repeat the words. You may wish to review the pronunciation of **r** and **l** in *Appendix C* of your textbook.

[r]	[l]	full [r]	full [r]	full [r]
wird	wild	fragt	ragt	warum
Schmerzen	schmelzen	kriechen	riechen	gierig
Karte	kalte	trugen	rufen	fuhren
Schurz	Schulz	Preis	Reis	Tiere
Worte	wollte	grünen	rühmen	schnüren

H **Sentences** Now listen and repeat the sentences, paying special attention to the way you pronounce **r** and **l** in the boldfaced words.

1. Wer hat **Frau Kugel** das **gefragt**?
2. Es hat **Cornelia** nicht **gefallen**, dass wir so **schnell gefahren** sind.
3. Im **Juli wollen** wir im **Schwarzwald wandern** und **zelten**.
4. Im **Frühling fahre** ich mit **Freunden** nach **Österreich**.

Mündliche Übungen

CD 3
Track 34 **Kein Streik** Der Gewerkschaftsführer° erklärt, was die Gewerkschaft mit dem
Management besprechen wird. Sagen Sie die Sätze noch einmal im *Futur*.

union leader

BEISPIEL:
Wir verdienen bestimmt mehr.   *Wir werden bestimmt mehr verdienen.*

CD 3
Track 35 **Noch einmal** Sagen Sie die Beispielsätze noch einmal mit den angegebenen *Adjektiven* im
Nominativ Singular.

BEISPIEL:
Ist dieser Pulli noch gut? (alt)   *Ist dieser alte Pulli noch gut?*

BEISPIEL:
Wem gehört dieses Radio? (klein)   *Wem gehört dieses kleine Radio?*

BEISPIEL:
Wie teuer war diese CD? (neu)   *Wie teuer war diese neue CD?*

CD 3
Track 36 **Welche meinst du?** Im Kaufhaus kommentiert Franziska verschiedene° Dinge.
Fragen Sie nach, was sie meint. Verwenden Sie die *Adjektive* im *Akkusativ Singular*.

various

BEISPIEL:
Der rote Pulli ist toll, nicht?   *Meinst du diesen roten Pulli?*

CD 3
Track 37 **Ein neues Zimmer** Ihr Freund Robert ist umgezogen°. Beschreiben Sie sein
neues Zimmer. Setzen Sie die *Adjektive* in den *Akkusativ*.

moved

BEISPIEL:
Robert hat ein Zimmer. (groß, modern)   *Robert hat ein großes, modernes Zimmer.*

In der Schweiz

Übungen zum Hörverständnis

A **Die Schweiz für Anfänger: Eine kurze Geschichte des Landes** Hören Sie sich das
Lesestück „Eine kurze Geschichte der Schweiz" an.

CD 4
Track 2

B **Richtig oder falsch?** Sie hören neun Aussagen über das Lesestück „Eine kurze Geschichte
der Schweiz". Markieren Sie die Aussagen als **richtig** oder **falsch**.

CD 4
Track 3

	Richtig	Falsch		Richtig	Falsch
1.	_____	_____	6.	_____	_____
2.	_____	_____	7.	_____	_____
3.	_____	_____	8.	_____	_____
4.	_____	_____	9.	_____	_____
5.	_____	_____			

C **Entgegnungen (responses)** Sie hören fünf Aussagen oder Fragen über das Kranksein.
Markieren Sie die Antworten, die plausibel sind.

CD 4
Track 4

1. _____ a. Du Armer!

   _____ b. Du tust mir leid.

   _____ c. Leider nicht, ich bin erkältet.

2. _____ a. Ich putze mir morgens die Zähne.

   _____ b. Ich fühle mich schwächer als gestern.

   _____ c. Ich freue mich darauf.

3. _____ a. Du hast recht, sonst kann ich nächste Woche nicht Ski laufen.

   _____ b. Hoffentlich bekomme ich diesen Herbst keine Erkältung!

   _____ c. Fühlst du dich auch krank?

4. _____ a. Das ist ja toll!

   _____ b. Warum nimmst du kein Aspirin?

   _____ c. Geh doch ins Theater!

5. _____ a. Nein, ich glaube nicht.

_____ b. Morgen gehe ich Ski laufen.

_____ c. Nein, ich huste nicht.

CD 4
Track 5 **D Körperteile** Sie hören fünf Sätze, die *Körperteile* beschreiben. Markieren Sie die richtigen Antworten.

1. _____ a. Hände   _____ b. Füße

2. _____ a. Ohren   _____ b. Augen

3. _____ a. Hals   _____ b. Nase

4. _____ a. Zähne   _____ b. Beine

5. _____ a. Finger   _____ b. Haare

CD 4
Track 6 **E Ein Interview** Der Journalist Herr Gruber möchte wissen, was die Schweizer über ihren Lebensstandard und über die Europäische Union denken. Er interviewt Frau Beck, eine ältere Dame. Hören Sie sich das Interview an und markieren Sie dann die richtigen Antworten auf die folgenden Fragen. Die Fragen können mehrere richtige Antworten haben. Sie hören drei neue Ausdrücke:

Angst haben   *to be afraid*
fürchten   *to fear*
Unterschied   *difference*

1. Wie findet Frau Beck den Lebensstandard in der Schweiz?

   _____ a. Der Lebensstandard ist relativ hoch.

   _____ b. Die meisten Leute kaufen sich jedes Jahr ein neues Auto.

   _____ c. Vieles ist billiger geworden.

2. Haben die Leute jetzt ein einfacheres Leben?

   _____ a. Ja, viele haben keine Spülmaschine und keinen Fernseher.

   _____ b. Nein, aber sie sind sparsamer° geworden.   *more thrifty*

   _____ c. Ja, nur wenige können sich ein Auto kaufen.

3. Warum hat Frau Beck kein Auto?

   _____ a. Sie braucht es nicht.

   _____ b. Sie kann es sich nicht kaufen.

   _____ c. Sie fährt immer mit dem Rad oder mit dem Zug.

4. Was denkt Frau Beck über die Europäische Union?

   _____ a. Sie sagt nichts über dieses Thema°.   *topic*

   _____ b. Sie möchte, dass die Schweiz neutral bleibt.

   _____ c. Sie weiß nicht, was die Europäische Union ist.

5. Fürchtet Frau Beck, dass die Schweiz von der Welt isoliert ist?

_____ a. Ja, sie fürchtet es.

_____ b. Nein, sie glaubt, andere Länder kaufen ihre Qualitätsprodukte.

_____ c. Nein, sie glaubt, dass andere Länder Schweizer Produkte wollen.

6. Was sagt Frau Beck über die Wirtschaft in der Schweiz?

_____ a. Sie hat Angst, dass sie jetzt weniger kaufen kann.

_____ b. Sie hat keine Angst, dass es der Schweiz wirtschaftlich schlechter geht.

_____ c. Sie meint, die Schweiz ist wirtschaftlich stark.

F **Bei der Ärztin** Leon fühlt sich nicht gesund und er geht zu Frau Dr. Hauser, seiner Ärztin. Hören Sie sich das Gespräch an. Lesen Sie dann die folgenden Aussagen. Markieren Sie **richtig,** wenn die Aussage stimmt. Markieren Sie **falsch,** wenn die Aussage nicht stimmt. Sie hören drei neue Ausdrücke:

auf jeden Fall	*in any case*
Ruhe	*quiet*
Was führt Sie zu mir?	*What brings you to me?*

	Richtig	**Falsch**	
1.	_____	_____	Frau Dr. Hauser denkt, dass Leon eine Erkältung hat.
2.	_____	_____	Leon tut der Kopf weh, aber er hat kein Fieber.
3.	_____	_____	Leon arbeitet nur für seine Kurse an der Uni.
4.	_____	_____	Leon ist so gestresst, dass er nicht gut schlafen kann.
5.	_____	_____	Frau Dr. Hauser gibt Leon Tabletten gegen seine Schmerzen.
6.	_____	_____	Leon soll in zwei Tagen wiederkommen.

Übungen zur Aussprache

G **Word pairs** Listen and repeat the words. You may wish to review the pronunciation of final **-en,** **-e,** and **-er** in *Appendix C* of your textbook.

e[n]	e[ ]	e[r]
bitten	bitte	bitter
fahren	fahre	Fahrer
denken	denke	Denker
fehlen	fehle	Fehler
besten	beste	bester

H Sentences Now listen and repeat the sentences, paying special attention to your pronunciation of final **-en, -e,** and **-er** in the boldfaced words.

CD 4
Track 9

1. **Fahren** Sie **bitte** etwas **langsamer**!
2. **Viele Amerikaner fliegen** im **Sommer** nach Europa.
3. **Manche Länder brauchen** mehr **Schulen.**
4. Die **Tage** werden **kürzer** und **kälter.**
5. **Diese Männer arbeiten** wirklich schwer.
6. **Viele Wörter** sind relativ, zum Beispiel **länger, größer oder jünger.**

Mündliche Übungen

CD 4
Track 10

I Einige Fragen Beantworten Sie die Fragen mit „Ja".
BEISPIEL:
Hast du dich gestern erkältet?   *Ja, ich habe mich gestern erkältet.*

CD 4
Track 11

J Ich kann das auch Sagen Sie, dass Sie die gleichen Eigenschaften° haben wie Ihre Freunde und dass Sie Dinge auch so gut können wie sie.

characteristics, traits

BEISPIEL:
Franz ist intelligent.   *Ich bin genauso intelligent wie er.*

CD 4
Track 12

K Wie ist die neue Wohnung? Ihr Freund möchte wissen, wie Ihre neue Wohnung ist. Sagen Sie, dass sie das Gegenteil° davon ist, was er denkt.

opposite

BEISPIEL:
Ist deine neue Wohnung kleiner als die alte?   *Nein, sie ist größer.*

CD 4
Track 13

L Erik ist anders Ihre Eltern kennen Ihren Freund Andreas, aber nicht Ihren Freund Erik. Sagen Sie ihnen, dass Erik das Gegenteil davon ist, was sie denken.

BEISPIEL:
Ist Erik kleiner als Andreas?   *Nein, er ist größer.*

CD 4
Track 14

M In einem Möbelgeschäft Sie und Ihr Freund sind in einem Möbelgeschäft und vergleichen° die Dinge, die Sie dort sehen.

compare

BEISPIEL:
Die Kommode ist groß.   *Aber diese Kommode ist größer.*

CD 4
Track 15

N Es ist alles besser Zwei Freunde sprechen darüber, was sie haben und was sie machen. Jeder will den anderen übertreffen°.

outdo

BEISPIEL:
Ich habe ein großes Auto.   *Ich habe ein größeres Auto.*

Deutschland

KAPITEL 10

Übungen zum Hörverständnis

CD 4
Track 16
A **Deutschland: 1945 bis heute** Hören Sie sich das Lesestück „Deutschland: 1945 bis heute" an.

CD 4
Track 17
B **Richtig oder falsch?** Sie hören acht Aussagen über das Lesestück „Deutschland: 1945 bis heute". Markieren Sie **richtig,** wenn die Aussage mit der Information aus dem Lesestück übereinstimmt. Markieren Sie **falsch,** wenn die Aussage nicht korrekt ist.

	Richtig	**Falsch**
1.	_____	_____
2.	_____	_____
3.	_____	_____
4.	_____	_____
5.	_____	_____
6.	_____	_____
7.	_____	_____
8.	_____	_____

CD 4
Track 18
C **Ist das logisch?** Sie hören acht kurze Gespräche. Markieren Sie die logischen Antworten als **logisch** und die unlogischen als **unlogisch.**

	Logisch	**Unlogisch**			**Logisch**	**Unlogisch**
1.	_____	_____		5.	_____	_____
2.	_____	_____		6.	_____	_____
3.	_____	_____		7.	_____	_____
4.	_____	_____		8.	_____	_____

Die gleiche Bedeutung

Die gleiche Bedeutung Sie hören sechs Sätze. Für jeden Satz finden Sie weiter unten einen zweiten Satz. Markieren Sie **gleich,** wenn die beiden Sätze die gleiche Bedeutung haben. Markieren Sie **nicht gleich,** wenn sie nicht die gleiche Bedeutung haben. Sie hören ein neues Wort:

zerstört   *destroyed*

	gleich	nicht gleich
1. Das Theater hat schon angefangen.	_____	_____
2. Du solltest das Musical sehen. Es ist wirklich toll.	_____	_____
3. Ich habe viel Geld auf der Bank.	_____	_____
4. Die Kinder schlafen immer noch.	_____	_____
5. In der DDR war vieles anders als in der Bundesrepublik.	_____	_____
6. Die Ostdeutschen haben die Mauer gebaut.	_____	_____

Ein Gespräch Hören Sie sich das Gespräch zwischen Georg und Ursel an. Dann markieren Sie die richtigen Antworten auf die folgenden Fragen. Sie hören ein neues Wort:

Reklame   *publicity*

1. Warum ist Georg so müde?

   _____ a. Er war gestern Abend in der Oper.

   _____ b. Er jobbt auf dem Theaterfestival.

2. Was für eine Arbeit hat Georg?

   _____ a. Er macht Musik.

   _____ b. Er macht Reklame für das Theater.

3. Warum macht Georg diese Arbeit?

   _____ a. Alles, was mit dem Theater zu tun hat, interessiert ihn.

   _____ b. Weil er gut verdient.

4. Was macht Georg meistens mit den Freikarten?

   _____ a. Er benutzt sie selbst.

   _____ b. Er schenkt sie Freunden.

5. Warum geht Ursel mit ins Theater?

   _____ a. Sie hat heute Abend nichts anderes zu tun.

   _____ b. Den *Faust* fand sie sehr interessant, als sie ihn in der Schule las.

6. Wo wollen sie sich treffen?

   _____ a. Sie treffen sich am Theater.

   _____ b. Georg holt Ursel ab.

---

168 • *Deutsch heute* Student Activities Manual

🔊 **F** **Ein Dokumentarfilm** Sarah und Leon diskutieren über einen Dokumentarfilm, den sie gerade
CD 4
Track 21 gesehen haben. Lesen Sie die folgenden Fragen. Hören Sie sich ihr Gespräch an und beantworten Sie
dann die Fragen. Sie hören zwei neue Ausdrücke:

Hör schon auf!   *Just stop!*
täglich   *daily*

1. Hat Sarah der Film gefallen?

   _____

   _____

2. Welchen Teil des Filmes fand Leon ein bisschen zu lang?

   _____

   _____

3. Welche Informationen fand Sarah unglaublich?

   _____

   _____

4. Wofür interessiert sich Leon?

   _____

   _____

Übungen zur Aussprache

🔊 **G** **Word pairs** Listen and repeat the word pairs. You may wish to review the pronunciation of **sp**
CD 4
Track 22 and **st** in *Appendix C* of your textbook.

[sp]	[šp]	[st]	[št]
lispeln	spielen	Listen	stehlen
knuspern	springen	Hengst	streng
Espen	spenden	Küste	Stücke
Knospe	Sprossen	kosten	stocken
Haspe	Spatz	Last	Stall

🔊 **H** **Sentences** Now listen and repeat the sentences, paying special attention to the way you
CD 4
Track 23 pronounce **sp** and **st** in the boldfaced words.

1. Die **Studentin spricht** die deutsche **Sprache** sehr schön.
2. Schweizerdeutsch **versteht Stefan** nicht.
3. In der **Stadt** müssen Kinder oft auf den **Straßen spielen**.
4. **Sport** treiben macht **Spaß**.
5. Es hat **gestern** am **späten** Nachmittag **stark** geregnet.

Mündliche Übungen

🔊 **I** **So war es früher** Sagen Sie, was Sie und Ihr Freund Michael früher gemacht
CD 4
Track 24 haben. Verwenden Sie das *Präteritum*.

BEISPIEL:

Wir arbeiten beide nicht besonders viel für   *Wir arbeiteten beide nicht besonders viel für*
   die Schule.   *die Schule.*

🔊 **J** **Eine Party** Erzählen Sie, wie Ihre Freunde eine Party vorbereitet haben. Bilden
CD 4
Track 25 Sie Sätze im *Präteritum*.

BEISPIEL:

Lilo räumt die Wohnung auf.   *Lilo räumte die Wohnung auf.*

🔊 **K** **Ein Gespräch mit der Nachbarin** Sagen Sie, dass die folgenden Leute mit
CD 4
Track 26 einer Nachbarin gesprochen haben. Verwenden Sie die angegebenen Subjekte und
das *Präteritum*.

BEISPIEL:

Frau Berger spricht oft mit der Nachbarin.   *Frau Berger sprach oft mit der Nachbarin.*

🔊 **L** **Letzten Sommer** Sie hatten letzten Sommer einen Ferienjob. Erzählen Sie
CD 4
Track 27 davon. Bilden Sie Sätze im *Präterium*.

BEISPIEL:

Ich stehe früh auf.   *Ich stand früh auf.*

🔊 **M** **Berufe** Was sind diese Leute von Beruf? Bilden Sie Sätze im *Präteritum*.
CD 4
Track 28 BEISPIEL:

Erika wird Ingenieurin.   *Erika wurde Ingenieurin.*

Wirtschaft und Beruf

Übungen zum Hörverständnis

A **Die Kündigung** Hören Sie sich das Lesestück „Die Kündigung" an.

CD 5
Track 2

Richtig oder falsch? Sie hören acht Aussagen über das Lesestück „Die Kündigung". Markieren Sie **richtig,** wenn die Aussage mit der Information aus dem Lesestück übereinstimmt. Markieren Sie **falsch,** wenn die Aussage nicht korrekt ist.

CD 5
Track 3

	Richtig	Falsch
1.	_____	_____
2.	_____	_____
3.	_____	_____
4.	_____	_____
5.	_____	_____
6.	_____	_____
7.	_____	_____
8.	_____	_____

Entgegnungen Sie hören fünf Fragen. Markieren Sie die Antwort, die plausibel ist.

CD 5
Track 4

1. _____ a. Tut mir leid, sie ist heute nicht da.

    _____ b. Ich hoffe, Sie hatten eine gute Reise.

    _____ c. Sie war ein Jahr in den USA.

2. _____ a. Ja, gehen Sie bitte gleich hinein.

    _____ b. Ja, ich habe drei Jahre in Frankreich gearbeitet.

    _____ c. Ja, ich habe einen Termin bei ihm.

3. _____ a. Ja bitte, er erwartet Sie schon.

    _____ b. Ich habe einige Fragen.

    _____ c. Nein, leider nicht.

4. _____ a. Ich möchte bei einer Exportfirma arbeiten.

_____ b. Ich glaube ja.

_____ c. Tut mir leid. Ich habe jetzt keine Zeit.

5. _____ a. Nein, Ihre Preise sind zu hoch.

_____ b. Oh ja, die Arbeit muss interessant sein.

_____ c. Nein, sie telefoniert gerade.

D Die gleiche Bedeutung Sie hören sechs Satzpaare. Markieren Sie **gleich,** wenn die beiden Sätze die gleiche Bedeutung haben. Markieren Sie **nicht gleich,** wenn sie nicht die gleiche Bedeutung haben.

Gleich	Nicht gleich
1. _____	_____
2. _____	_____
3. _____	_____
4. _____	_____
5. _____	_____
6. _____	_____

E Zwei Gespräche Hören Sie sich die beiden kurzen Gespräche an. Lesen Sie dann die folgenden Aussagen. Markieren Sie **richtig,** wenn die Aussage korrekt ist. Markieren Sie **falsch,** wenn die Aussage nicht korrekt ist. Markieren Sie **man weiß es nicht,** wenn sie im Gespräch nicht vorkommt°.   *appears*

	Richtig	Falsch	Man weiß es nicht
1. Frau Schulze erwartet Herrn Meier.	_____	_____	_____
2. Frau Schulze kann ihn heute nicht sehen.	_____	_____	_____
3. Die Sekretärin will Frau Schulze fragen, ob sie Zeit hat.	_____	_____	_____
4. Frau Schulze hat jetzt einen Termin.	_____	_____	_____

Jetzt kommt das zweite Gespräch.

	Richtig	Falsch	Man weiß es nicht
1. Frau Schulze findet Herrn Meiers Sachen billig.	_____	_____	_____
2. Sie hat aber viele Fragen wegen der Qualität.	_____	_____	_____
3. Frau Schulze ruft Herrn Meier am Montag an.	_____	_____	_____
4. Sie will die Sachen von Herrn Meier kaufen.	_____	_____	_____

🔊 **F** **Eine neue Stelle** Marie und Felix sprechen über Maries Kusine Laura, die
CD 5
Track 7 gerade eine neue Stelle bei Siemens in München gefunden hat. Hören Sie sich ihr
Gespräch an. Markieren Sie dann die richtigen Antworten. Sie hören drei neue Wörter:

umziehen	*move to a new residence*
vorher	*previously*
sparen	*save*

1. Felix spricht mit Marie …

    _____ a. über ihre neue Stelle.

    _____ b. über ihre Kusine Laura.

    _____ c. über das Leben in München.

2. Bevor Laura die neue Stelle bekam, …

    _____ a. war sie sechs Monate lang arbeitslos gewesen.

    _____ b. hatte sie bei Volkswagen in Wolfsburg gearbeitet.

    _____ c. hatte sie drei Monate lang keine Arbeit gehabt.

3. Als Laura arbeitslos war, …

    _____ a. ging es ihr sehr gut.

    _____ b. wurde sie von Monat zu Monat nervöser.

    _____ c. war sie froh darüber.

4. Laura …

    _____ a. ist jetzt schnell nach Wolfsburg gezogen°.   *moved*

    _____ b. bleibt noch ein Jahr in Wolfsburg.

    _____ c. sucht jetzt eine eigene Wohnung in München.

Übungen zur Aussprache

🔊 **G** **Word pairs** Listen and repeat the word pairs. You may wish to review
CD 5
Track 8 the pronunciation of **ei, eu (äu), au,** and **ie** in *Appendix C* of your textbook.

[ai]	[oi]
nein	neun
heiser	Häuser
Seile	Säule
Eile	Eule
leite	Leute

[au]	[oi]	[i]	[ai]
Maus	Mäuse	Miene	meine
Haus	Häuser	Biene	Beine
Bauch	Bäuche	viele	Feile
Haufen	häufen	diene	deine
Laute	Leute	Liebe	Leibe

H Sentences Now listen and repeat the sentences, paying special attention to the pronunciation of **eu (äu)**, **au**, **ei**, and **ie** in the boldfaced words.

1. Herr **Neumann** ist **heute** nicht **einkaufen** gegangen.
2. Hat **Paula** schon **einen Brief** an **euch geschrieben**?
3. **Eugen** hat **Deutsch studiert**.
4. Abends geht Klaus mit **seinen Freunden** in **eine Kneipe**.
5. **Heike läuft** jeden Tag zur **Arbeit**.
6. **Dieter** hat **seit** Ende **Mai sein eigenes Auto**.

Mündliche Übungen

Würden Sie mitfahren? Familie Schmidt macht einen Ausflug. Sagen Sie, wer nicht mitfahren würde.

BEISPIEL:
Andrea   *Andrea würde nicht mitfahren.*

J Alle wären froh Politiker diskutieren über Tempolimits auf der Autobahn. Sagen Sie, dass die folgenden Leute sicher froh darüber wären.

BEISPIEL:
Roland   *Roland wäre sicher froh.*

K Alle hätten Angst Wenn es im Atomkraftwerk° einen Unfall° geben würde, hätten viele Leute Angst. Sagen Sie, dass die folgenden Leute natürlich Angst hätten.

atomic power plant / accident

BEISPIEL:
Roland   *Roland hätte natürlich Angst.*

Ferienträume Frank denkt darüber nach, was er machen würde, wenn alles anders wäre. Verwenden Sie den *Konjunktiv der Gegenwart* im Konditionalsatz und die *würde-Konstruktion* im Hauptsatz.

BEISPIEL:
Wenn ich ein Auto habe, fahre ich   *Wenn ich ein Auto hätte, würde ich in*
  in die Schweiz.   *die Schweiz fahren.*

Deutschland hat viele Gesichter

Übungen zum Hörverständnis

A **Fremd im eigenen Zuhause** Hören Sie sich das Lesestück „Fremd im eigenen Zuhause" an.

CD 5
Track 14

B **Richtig oder falsch?** Sie hören acht Aussagen über das Lesestück „Fremd im eigenen Zuhause".
Markieren Sie **richtig,** wenn die Aussage mit der Information aus dem Lesestück übereinstimmt.
Markieren Sie **falsch,** wenn die Aussage nicht korrekt ist. Sie hören ein neues Wort:

CD 5
Track 15

Koch   *cook*

	Richtig	Falsch		Richtig	Falsch
1.	_____	_____	7.	_____	_____
2.	_____	_____	6.	_____	_____
3.	_____	_____	7.	_____	_____
4.	_____	_____	8.	_____	_____

C **Ist das logisch?** Sie hören sechs kurze Gespräche. Markieren Sie die Antworten als **logisch,**
wenn Sie auf die Frage oder Aussage passen, und als **unlogisch,** wenn sie nicht passen. Sie hören einen
neuen Ausdruck:

CD 5
Track 16

keinen einzigen   *not a single one*

	Logisch	Unlogisch
1.	_____	_____
2.	_____	_____
3.	_____	_____
4.	_____	_____
5.	_____	_____
6.	_____	_____

D **Der richtige Ort** *(location)* Sie hören sechs Fragen. Markieren Sie die passende Antwort auf jede Frage.

1. _____ a. in der Heimat   _____ b. in der Industrie

2. _____ a. ins Kino   _____ b. ins Konzert

3. _____ a. in der Zeitung   _____ b. in der Literatur

4. _____ a. an der Mauer   _____ b. in den Bergen

5. _____ a. in ein Lokal   _____ b. auf die Bank

6. _____ a. in der Bibliothek   _____ b. auf der Brücke

E **Ein Interview** Birgit ist Reporterin bei der lokalen Jugendzeitung und sie interviewt Ali, der aus der Türkei kommt und jetzt in Deutschland lebt. Hören Sie sich das Gespräch an. Beantworten Sie dann die folgenden Fragen. Sie hören zwei neue Wörter:

Grund (Gründe)   *reason (reasons)*
Viertel   *quarter, district*

1. Wann ist Ali nach Deutschland gekommen?

   _____ a. Als er sehr klein war.

   _____ b. Er ist da geboren.

2. Warum sind Alis Eltern nach Deutschland gekommen?

   _____ a. Sein Vater fand in der Türkei keine Arbeit.

   _____ b. Aus politischen Gründen.

3. Warum spricht Ali so gut Deutsch?

   _____ a. Er geht auf eine deutsche Schule und hat ein paar deutsche Freunde.

   _____ b. Er spricht mit seinen Eltern oft Deutsch.

4. Was sind Alis Zukunftspläne?

   _____ a. Er will ein türkisches Lokal eröffnen°.   *open*

   _____ b. Er will Elektroingenieur werden.

5. Wo möchte Ali später mal leben?

   _____ a. Er möchte in der Türkei leben; dort ist seine Heimat.

   _____ b. Er möchte in Deutschland bleiben.

F **Pläne für Samstag** Monika trifft sich mit Peter im Studentencafé und sie reden über ihre Pläne fürs Wochenende. Lesen Sie die folgenden Fragen, bevor Sie sich das Gespräch anhören. Beantworten Sie dann die Fragen. Sie hören zwei neue Wörter:

CD 5
Track 19

ähnlich   *similar*
Lieder   *songs*

1. Wie ist das Wetter?

   _____

   _____

2. Wohin geht Monika am Samstagnachmittag?

   _____

   _____

3. Wie sind Yilmaz' Verwandte?

   _____

   _____

4. Was wird bei dem Geburtstagspicknick gemacht?

   _____

   _____

5. Mag Peter türkisches Essen?

   _____

Übungen zur Aussprache

G **Word pairs** Listen and repeat the word pairs. You may wish to review the pronunciation of d and t in *Appendix C* of your textbook.

CD 5
Track 20

[d]	[t]
Sonde	sonnte
Seide	Seite
bieder	Bieter
Mieder	Mieter

H **Sentences** Now listen and repeat the sentences, paying special attention to the pronunciation of d and t in the boldfaced words.

CD 5
Track 21

1. **Die Kinder trugen** ihre **beste Kleidung** zum **Fest.**
2. Im **Winter arbeitet Walter** in einem **Hotel.**
3. Sein **Vater hat** viele **Freunde eingeladen.**
4. **Der Bundespräsident redete** über **die** neuen **Länder.**

Mündliche Übungen

I Die sind doch gar nicht kaputt Ihr Freund will alles Mögliche reparieren. Sagen Sie ihm, dass er sich die falschen Dinge ausgesucht° hat. Verwenden Sie ein *Relativpronomen*.

picked out

BEISPIEL:
Ich repariere jetzt diesen Computer, ja?   *Das ist doch nicht der Computer, der kaputt ist.*

J Von wem wird das gemacht? Sagen Sie, was von wem gemacht wird. Verwenden Sie die angegebenen Stichwörter in *Passivsätzen*.

BEISPIEL:
Von wem wird das Essen gekocht? (mein Vater)   *Das Essen wird von meinem Vater gekocht.*

K Was wird hier gemacht? In Ihrem Wohnhaus ist viel los. Sagen Sie, was in jeder Wohnung gemacht wird.

BEISPIEL:
In Wohnung Nummer 1 schreibt man einen Brief.   *In Wohnung Nummer 1 wird ein Brief geschrieben.*

VIDEO MANUAL

KAPITEL

1

Hallo!

Vokabeln

auf•passen to pay attention;
  Pass mal auf! Pay attention!
fahren to ride, travel; **er fährt** he
  travels
kaufen to buy
kennen to know or be acquainted
  with someone

klettern to climb
die Leute *(pl.)* people
Mal time; **das letzte Mal** the last
  time
schnell fast; **Schnell!** Hurry up!
schön beautiful
die Stadt, ⁻e city

vor zwei Jahren two years ago
das Wasser water
zu Fuß on foot

1. Szene. Am Bahnhof

A **Wer ist das?** Look at the first scene without sound. Lily and Hülya are waiting for Paul who eventually comes with Anton. Indicate in the chart below the features or the clothing each person is wearing. Some of the clothing may be common to more than one person.

	Anton	Hülya	Lily	Paul
1. rote Haare				
2. braune Haare				
3. blaues T-Shirt				
4. braunes Poloshirt				
5. weiße Jacke				
6. braune Hose				
7. grünes T-Shirt				
8. blaue Jeans				
9. beige Tasche				
10. Rucksack				

B Wer sagt das? Look at the complete first chapter video with sound and indicate who says what in the chart below.

	Anton	Hülya	Lily	Paul
1. Mensch, bin ich nervös. Wo ist denn Paul?				
2. Ich komme aus Österreich – Salzburg.				
3. Vom Kiosk am Bahnhof. Wir kennen uns erst 10 Minuten.				
4. Ich bin Pauls Kusine.				
5. Ja, und ich komme aus Amerika.				
6. Ich bin ja auch Deutscher.				
7. Super! Salzburg kenne ich gut.				
8. Ich filme gern alles – schöne Städte, ... nette Leute ...				
9. Ich mache gerne Sport.				
10. Ich studiere Tanz und Theater.				
11. Vor zwei Jahren war ich das letzte Mal in Deutschland.				
12. Und jetzt machen wir noch ein Gruppenfoto.				

C Schreiben Sie Look at the video again. Describe briefly one of the four friends. Tell what you know about the person. Include an assumption about what this person may be like, such as **intelligent, fleißig**. For a list of adjectives see textbook *Kapitel 1*. Write 15-20 words.

_____

_____

_____

_____

Wer ist denn das?

▷ **A** **Lilys Fotoalbum** Look at the video with sound and match the sentences to the person they describe.

	Lilys Mutter	Lilys Vater	Hülyas Bruder	Lilys Großeltern	Sarah	Felix	Antons Schwester	Markus
1. Sie war mal blond.								
2. Er ist auch unordentlich.								
3. Er hat schon graue Haare.								
4. Sie ist sehr jung.								
5. Sie sind schon ziemlich alt.								
6. Er ist der Typ mit dem grünen T-Shirt.								
7. Sie lebt auf einem Bauernhof.								
8. Er lebt in Kreuzberg.								
9. Sie wohnen in Lilys Straße.								
10. Er studiert Marketing.								

Vokabeln

an•rufen to call up, to telephone: **ich rufe meinen Freund an** I call my friend

der Bauernhof farm

draußen outside

der Hauptbahnhof main train station

das Land country; **auf dem Land** in the country

mag like; **ich mag** I like

der Nebel fog

die Studentenbude student apartment

die Stunde hour

der Typ guy, fellow

übernachten to spend the night

B **Richtig?, falsch? oder Ich weiß es nicht.** Check each statement as **richtig** or **falsch**. If the information is not in the video check **Ich weiß es nicht**.

	Richtig	Falsch	Ich weiß es nicht.
1. Sarah hat braune Haare.	_____	_____	_____
2. Lilys Bruder ist sehr groß.	_____	_____	_____
3. Lilys Vater ist 61 Jahre alt.	_____	_____	_____
4. Lilys Großeltern wohnen in Lilys Straße.	_____	_____	_____
5. Antons Schwester lebt auf einem Bauernhof.	_____	_____	_____
6. Paul findet Nebel romantisch.	_____	_____	_____
7. Paul hat zwei Schwestern.	_____	_____	_____
8. In Berlin übernachten die Freunde im Hotel.	_____	_____	_____
9. Anton kennt Berlin nicht.	_____	_____	_____
10. Anton hat ein Handy.	_____	_____	_____
11. Paul hat kein Handy.	_____	_____	_____
12. Hülya hat gute Freunde in Berlin.	_____	_____	_____

C **Schreiben Sie** Choose one of the following topics and write a few sentences about it in German.

1. Choose a person from Lily's family, her friend Felix or Anton's friend Markus. Use your imagination to say several things about the person. Write 5-6 sentences.

2. How does Anton describe the weather in Austria? What is his opinion of the weather in different seasons? Write 5-6 sentences.

_____

_____

_____

_____

_____

_____

_____

Wann gibt's denn Frühstück?

Vokabeln

die **Bohne, -n** bean
darf: Und was darf's sein? What
  would you like?
die **Erdbeere, -n** strawberry
das **Lamm, ¨er** lamb
der **Knoblauch** garlic
lecker tasty
machen: macht nichts doesn't
  matter; **Was macht das dann?**
  How much is it?

nennen to name
der **Pfirsich, -e** peach
die **Salzkartoffeln** cooked
  potatoes
der **Scheiterhaufen** an Austrian
  pastry: fruit and bread baked
  together
die **Vorspeise, -n** appetizer

wählen to choose: **Haben Sie
  schon gewählt?** Have you
  decided (on your choice)?
zahlen to pay: **Zahlen Sie
  zusammen oder getrennt?**
  Is this on one check or
  separate?

▷ 1. Szene. Bei Markus

A **Was gibt's zum Frühstück?** Markieren Sie alles, was es zum Frühstück gibt. *(Check off all the things there are for breakfast.)*

_____ Kaffee   _____ Orangensaft   _____ Käse   _____ Eier   _____ Brötchen

_____ Tee   _____ Milch   _____ Wurst   _____ Brot   _____ Croissants

▷ 2. Szene. Auf dem Wochenmarkt

B **Wer will was essen?** Was möchte jeder essen? Kreuzen Sie an, wer was isst. *(What would each person like to eat? Indicate who eats what.)*

	Anton	Hülya	Lily	Paul
1. Schweizer Käsefondue.				
2. Scheiterhaufen.				
3. Lamm in Knoblauchsoße.				
4. Kartoffelsuppe.				

C Richtig oder falsch? Markieren Sie die Aussagen als **richtig** oder **falsch**. *(Check each statement as **true** or **false**.)*

	Richtig	Falsch
1. Hülya und Anton kaufen auf dem Wochenmarkt ein.	_____	_____
2. Hülya begrüßt die Marktfrau auf türkisch.	_____	_____
3. Am Gemüsestand gibt es viele Bananen.	_____	_____
4. Anton hat einen Einkaufskorb.	_____	_____
5. Die Marktfrau hat heute keine Bohnen.	_____	_____
6. Anton isst nicht gern Karotten.	_____	_____
7. Anton bezahlt alles.	_____	_____

4. Szene. Im Restaurant

D Wer isst was? Geben Sie an, wer welches Essen bestellt. *(Indicate who orders which meal.)*

	Anton	Hülya	Lily	Paul
1. Ich möchte eine Gemüsesuppe und auch einen gemischten Salat.				
2. Den Schweinebraten mit Salzkartoffeln und einen kleinen gemischten Salat.				
3. Ich möchte bitte eine gemischte Käseplatte.				
4. Ich möchte die Lammkoteletts mit Gemüse.				

E Was Bedienungen° sagen In deutschen Restaurants gibt es einige *°servers* Standardausdrücke, die alle Bedienungen benutzen. Markieren Sie die Ausdrücke, die Sie **nicht** hören. *(Waiters in German restaurants use a number of standard phrases. Check the statements you don't hear.)*

_____ 1. Mein Name ist (Katharina). Ich bin heute Ihre Kellnerin.

_____ 2. Haben Sie schon gewählt?

_____ 3. Was darf's sein?

_____ 4. Zahlen Sie zusammen oder getrennt?

Name _____   Datum _____

F **Schreiben Sie** Wählen Sie eine Szene aus dem Video und beschreiben Sie kurz, was passiert (20–25 Wörter). *(Choose a scene from the video and describe briefly what takes place.)*

_____

_____

_____

_____

_____

_____

_____

Wo kann denn nur Professor Langenstein sein?

KAPITEL 4

Vokabeln

aus•sehen (sieht aus) to appear, look like
der Bekannte, -n/die Bekannte, -n acquaintance
der Brief, -e letter
der Eingang, ⸚e entrance
die Entschuldigung, -en excuse; **Entschuldigung!** Excuse me.

gefunden found; **Ich habe es gefunden.** I found it.
hinten in the back
meinen to think; **Was meinst du?** What do you think?
schaffen to accomplish; **Das schaffen wir noch.** We'll manage it.

der Streik, -s strike; **Streik!** I'm on strike. I refuse.
vergessen to forget; **Du hast es vergessen.** You forgot it.
wahrscheinlich probably
der Zufall, Zufälle coincidence

A Schauen Sie genau In diesem Video sehen Sie etwas von der Freiburger Universität, einer typischen Universität in Deutschland. Sehen Sie sich das Video ohne Ton an und kreuzen Sie alles an, was Sie sehen.

_____ große rote Gebäude *(buildings)*

_____ eine Bibliothek

_____ ein Chemielabor

_____ eine große Treppe *(stairs)*

_____ viele Fahrräder

_____ einen Parkplatz mit vielen Autos

_____ ein Schwarzes Brett

_____ Computer

_____ einen Sekretär, der am Schreibtisch sitzt

_____ Studenten sitzen an Tischen und trinken etwas

B Wer sagt das? Sehen Sie sich das Video jetzt mit Ton an und kreuzen Sie an, wer die folgenden Aussagen macht.

	Anton	Bibliothekarin	Hülya	Lily	Paul	Professor Langenstein	Sekre...
1. Außerdem möchte ich mit Professor Langenstein über ein Studium in Freiburg sprechen.							
2. Aber schaut mal am Schwarzen Brett neben der Tür.							
3. Wahrscheinlich ist er zum Mittagessen in die Mensa gegangen.							
4. Hier ist er auch nicht. Komm, ich will jetzt endlich was essen.							
5. Streik. So finden wir ihn nie und ich habe wirklich Hunger.							
6. Hey, schau dir mal den Mann da hinten an. Sieht der nicht aus wie ein Germanistik-professor?							
7. Und was machen Sie alle in Freiburg?							
8. Endlich habe ich Sie gefunden.							
9. Ich habe was für Sie. Wo ist denn jetzt der Brief hin?							
10. Den hast du heute Morgen auf dem Frühstückstisch vergessen.							

Name _____ Datum _____

C **Was wissen Sie?** Ergänzen Sie die folgenden Sätze.

1. Paul soll Professor Langenstein persönlich _____ überbringen.
   a. ein neues Buch   b. einen Brief   c. ein Bild

2. Professor Langenstein ist ein guter Freund der _____.
   a. Eltern.   b. Großeltern   c. Tante

3. Paul und Lily suchen den Professor in der Bibliothek für _____.
   a. Anglistik   b. Psychologie   c. Germanistik

4. Anton und Hülya sitzen in _____ und trinken etwas.
   a. einem Restaurant   b. einem Straßencafé   c. einer Bar

5. Professor Langenstein glaubt, dass Lily Pauls _____ ist.
   a. Schwester   b. Kusine   c. Frau

D **Lily erzählt** Lilys Freund Felix ruft Lily an und fragt sie, wie es ihr geht. Lily erzählt, was Paul und sie gerade machen. Schreiben Sie 5–6 Sätze im Präsens.

Wir sind an der Universität Freiburg und Paul sucht einen Professor Langenstein. Er will ...

_____

_____

_____

_____

_____

_____

_____

E **Schreiben Sie** Paul möchte vielleicht an der Universität Freiburg studieren. Glauben Sie, dass er wirklich da studiert? Warum will er wohl in Freiburg studieren? Was studiert er vielleicht?

_____

_____

_____

_____

_____

_____

Hereinspaziert die Herrschaften!

KAPITEL 5

Vokabeln

an•sehen to look at
die Bewegung, -en movement
sich bedienen to serve oneself;
  Bedient euch. Help yourselves.
eindrucksvoll impressive
die Entschuldigung, -en excuse;
  Entschuldigung! Excuse me.
der Fall case; **auf jeden Fall**
  in any case
führen to lead

das Gebäude, - building
geboren born
Hereinspaziert die Herrschaften!
  (very formal) Come in ladies and
  gentlemen.
holen to get, fetch
Küss die Hand! *(formal Austrian
  greeting, mostly toward a woman)*
  Hello!
lecker delicious

sich lohnen to be worthwhile
Na los! Well let's go!
Obacht! Watch out!
rückwärts backwards
Schloss Mirabell Mirabell
  Palace *(famous tourist attraction
  in Salzburg)*
der Spaß fun; **Spaß machen**
  to joke
die Stunde, -n hour

▷ **A** **Schauen Sie genau** Sehen Sie sich das Video ohne Ton an. Was machen
die vier Freunde in Salzburg? Was sehen sie? Kreuzen Sie alles an, was sie sehen.

_____ eine Brücke°   *bridge*

_____ einen Fluss°: die Salzach   *river*

_____ die Festung° Hohensalzburg   *fortress*

_____ Mozarts Geburtshaus

_____ das Festspielhaus

_____ Schloss° Mirabell mit schönen Gärten   *palace*

_____ eine Figur aus Pappe°   *cardboard*

_____ eine Straßenbahn

_____ eine Tanzschule

_____ einen Musiker auf der Straße

B **Wer sagt das?** Sehen Sie sich das Video jetzt mit Ton an und kreuzen Sie an, wer die folgenden Aussagen macht.

	Anton	Hülya	Lily	Paul
1. Folgen Sie mir in mein wunderschönes Salzburg.				
2. Salzburger Festspiele ... da würde ich gern mal ein Konzert hören.				
3. Hmmm ... Mozartkugeln! Wartet mal eben. Ich hole mir schnell welche.				
4. Paul, kann ich noch eine haben? Danke!				
5. Hey, hier kann man einen Walzerkurs machen. Das Ganze dauert nur ein paar Stunden.				
6. Du tanzt aber wirklich gut.				
7. Hast du schon mal einen Tanzkurs gemacht?				
8. Lily, du musst dich von mir führen lassen.				

C **Richtig oder falsch?** Kreuzen Sie an, ob die Aussagen **richtig** oder **falsch** sind.

	Richtig	Falsch
1. Die vier Freunde gehen in Mozarts Geburtshaus.	_____	_____
2. Hülya interessiert sich für die Salzburger Festspiele.	_____	_____
3. Anton kauft Mozartkugeln.	_____	_____
4. Lily isst mehr Mozartkugeln als die anderen.	_____	_____
5. Die Freunde besuchen Schloss Mirabell mit den schönen Gärten.	_____	_____
6. Hülya interessiert sich für den Tanzkurs.	_____	_____
7. Anton hat mit 16 einen Tanzkurs gemacht.	_____	_____
8. Lily und Paul tanzen nicht so gut wie Hülya und Anton.	_____	_____

Name _____ Datum _____

D **Interessantes über Salzburg** Was finden Sie besonders interessant in Salzburg? Wählen Sie ein Thema und suchen Sie Informationen darüber im Internet. Schreiben Sie dann einige Fakten darüber auf. Schreiben Sie vier bis fünf Sätze.

**Mozartkugeln   Mozarts Geburtshaus   Salzburger Festspiele
Schloss Mirabell   die Universität Salzburg**

_____

_____

_____

_____

_____

_____

_____

E **Strauss-Walzer** Die vier Freunde tanzen zu der Musik von Johann Strauss. Der Walzer beim Tanzkurs heißt „An der schönen blauen Donau" *("The Blue Danube")*. Hören Sie sich den Walzer im Internet an. Gefällt er Ihnen? Warum (nicht)?

_____

_____

_____

_____

_____

_____

_____

_____

Was machen wir heute Abend?

KAPITEL 6

Vokabeln

sich amüsieren to have a good time; **Amüsiert euch.** Have a good time.
an•probieren to try on (clothes)
der Bügel, - clothes hanger
bunt brightly colored
die Größe, -n size (clothing)
die Klamotten (pl.) (colloquial) clothes, things

krass super, great (*similar to* **toll, super, klasse**)
das Mädel, -s (colloquial) girl
das Pech bad luck
riesig huge
stehen: Es steht dir gut. It looks good on you.
süß sweet; charming, lovely
schwierig difficult

der Schmetterball smash (tennis, table tennis)
der Vorschlag, ⁻e suggestion
wach awake
wecken to awaken
Witziges: etwas Witziges zum Anziehen something unusual/ cute to wear

1. Szene. Bei Markus

A **Was erfahren Sie?** Sehen Sie sich das Video mit Ton an und ergänzen Sie die Aussagen.

1. Antons Freund Markus trägt ...

   a. einen blauen Anzug   b. Jeans und T-Shirt   c. eine braune Hose

2. Zum Frühstück trinken Hülya, Paul und Lily ...

   a. Kaffee   b. Mineralwasser   c. Wein

3. Lily und Anton ...

   a. haben früher gefrühstückt   b. sind schon weg   c. haben länger geschlafen

4. Nach dem Frühstück wollen Lily und Hülya _____ gehen.

   a. einkaufen   b. ins Kino   c. ins Konzert

5. Paul und Anton wollen im Treptower Park ...

   a. Tennis spielen   b. Fußball spielen   c. ein Fußballspiel anschauen

6. Hülya möchte abends nicht in einen Club, denn es ...

   a. geht erst spät los   b. gibt zu viele Leute da   c. ist dort immer langweilig

7. Die Freunde treffen sich am Abend ...

   a. im Café Burger   b. am Brandenburger Tor   c. in der Kneipe „Dr. Pong"

2. Szene: Im Treptower Park

B **Richtig oder falsch?** Kreuzen Sie an, ob die Aussagen **richtig** oder **falsch** sind.

	Richtig	Falsch	
1. Die Sonne scheint.	_____	_____	
2. Viele junge Männer spielen Fußball.	_____	_____	
3. Anton und Paul spielen Fußball.	_____	_____	
4. Paul schießt ein Tor.º	_____	_____	**schießt ein Tor:** *kicks a goal*
5. Anton schießt zwei Tore.	_____	_____	

3. Szene: Im „Berliner Klamotten"

C **Wer sagt das?** Kreuzen Sie an, wer die folgenden Aussagen macht.

	Hülya	Lily	Verkäuferin
1. Größe 5?			
2. Direkt hinter euch an den Bügeln.			
3. Der Pullover ist doch was für dich.			
4. Nee, ich mag kein orange.			
5. Der steht dir richtig gut.			
6. Ich glaube, den möchte ich haben.			

4. Szene: Bei „Dr. Pong"

D **Was ist passiert?** Kreuzen Sie die Sätze an, die stimmen.

_____ 1. Vor der Kneipe „Dr. Pong" stehen viele Fahrräder.

_____ 2. Paul und Anton spielen Tischtennis.

_____ 3. Paul und Anton haben gewonnenº.   *won*

_____ 4. Hülya hat einen Schmetterball geschlagenº.   *hit*

E Schreiben Sie. Wählen Sie ein Thema und schreiben Sie 20 bis 30 Wörter.

1. Lily hat eine E-Mail an ihren Freund Felix geschrieben. Sie hat ihm kurz erzählt, was sie und ihre Freunde heute gemacht haben.
2. Was halten Sie von Antons Freund Markus? Wie sieht er aus? Ist er Ihnen sympathisch?
3. Beschreiben Sie ein Kleidungstück oder die Umhängetasche in dem Kleidergeschäft. Hat Ihnen etwas in dem Geschäft gefallen? Warum (nicht)?
4. Beschreiben Sie, was Sie in der Straßenszene am Anfang des Videos oder vor der Kneipe „Dr. Pong" gesehen haben.

_____

_____

_____

_____

_____

_____

_____

_____

_____

Die berühmte deutsche Pünktlichkeit!

KAPITEL 7

Vokabeln

ab•warten to wait for
bauen to build
der **Blumenkasten, ⸚** flower box
das **Fachwerkhaus, -häuser** half-timbered house
die **Grenze, -n** border
die **Kaiserin, -nen** empress
die **Laterne, -n** street light

die **Lust, ⸚e** desire; pleasure: **Lust haben auf** *(+ acc.)* to feel like
der **Märchenkönig, -e** the fairy tale king
die **Postkarte, -n** postcard
die **Pünktlichkeit** punctuality
spannend full of suspense
überhaupt actually, after all

überall everywhere
wenigstens at least
die **Überraschung, -en** surprise
verstehen, verstand to understand
sich wundern über *(+ acc.)* to be surprised at

▷ **A** **Was haben Sie gesehen?** Unsere Freunde sind in Füssen, einer Kleinstadt in Bayern. Die verschiedenen Szenen hier zeigen ein typisches Bild von Deutschland. Sehen Sie sich das Video ohne Ton an und kreuzen Sie alles an, was Sie gesehen haben.

1. Szene: An der Bushaltestelle⁰   *bus stop*

_____ Radfahrer

_____ deutsche Häuser

_____ einen Bus

_____ einen Balkon mit Blumen

_____ Frauen mit Einkaufstaschen

2. Szene: In der Fußgängerzone Füssen

_____ Leute an Tischen vor einem Café

_____ Kleidungsstücke und Postkarten vor Geschäften

_____ eine Straße mit Kopfsteinpflaster⁰   *cobble stones*

_____ Laternen an Blumenkästen

_____ den Bahnhof

3. Szene: Auf dem Land

_____ Bäume und Wiesen⁰   *meadows*

_____ einen Reisebus mit Touristen

_____ Schloss Neuschwanstein

_____ ein Picknick

_____ Berge

▷ **B** **Wer hat das gesagt?** Sehen Sie sich das Video jetzt mit Ton an. Wer hat die folgenden Aussagen gemacht?

	Anton	Hülya	Lily	Paul
1. Wohin gehen wir denn heute?				
2. Ich finde nicht, dass in Deutschland alles so pünktlich ist.				
3. Ich fahr' eigentlich meistens mit dem Fahrrad.				
4. Also, ich hab' jetzt keine Lust mehr auf den Bus zu warten.				
5. Hier sieht es ganz anders aus als in Hamburg oder Köln.				
6. Sieht aus wie in Österreich.				
7. Die Grenze ist ja auch nur zwei Kilometer weiter.				
8. Was mir hier ja auch so gefällt, sind diese vielen Fußgängerzonen.				
9. Man wundert sich immer, dass die Cafés so voll sind und die Leute so viel Zeit haben.				
10. Ich denke schon, dass wir viel arbeiten, aber wir haben heute auch relativ viel Freizeit.				

▶ **C** **Was ist typisch deutsch?** In diesem Video sehen und hören Sie vieles, was man mit Deutschland und den Deutschen verbindet. Markieren Sie alles, was Sie hier hören oder sehen, das „typisch" sein soll.

_____ Pünktlichkeit

_____ fleißig

_____ sauber

_____ ernst

_____ viel Freizeit

_____ Wochenmarkt

_____ Fußgängerzone

_____ Blumen

_____ Einkaufstaschen

_____ Schloss

D **Schreiben Sie** Wählen Sie ein Thema und suchen Sie Informationen im Internet. Schreiben Sie dann einige Fakten darüber. Schreiben Sie 4 bis 5 Sätze.

1. König Ludwig II. (Bayern)
2. „Sissi", Kaiserin Elisabeth (Österreich)
3. Schloss Neuschwanstein
4. Ein anderes Schloss von Ludwig II.: entweder Schloss Herrenchiemsee oder Schloss Linderhof

_____

_____

_____

_____

_____

_____

_____

E **Schloss Neuschwanstein** Interessiert Sie Schloss Neuschwanstein oder die Stadt Füssen? Möchten Sie das Schloss oder Füssen einmal besuchen? Warum (nicht)?

_____

_____

_____

_____

_____

_____

_____

Ganz schön frisch hier an der Ostsee!

KAPITEL 8

Vokabeln

andauernd continuously
an•gucken to look at
der **Blödsinn** foolishness
frisch *(weather)* chilly
sich gewöhnen an *(+ acc.)* to get used to
heiraten to marry
hübsch pretty
mit•machen to join in
probieren to try, to taste

der **Schluck, e** swallow
verliebt in love
sich vorstellen to imagine
wärmen to warm
der **Zwiebelring, -e** onion ring
zu•geben (gibt), gegeben to admit
die **Deichtorhallen** *(pl.)* *(exhibition hall in Hamburg)* home of photograph exhibitions

der **Hafen, ̈** harbor
der **Hafenschlepper, -** harbor tugboat
die **Landungsbrücken** pier and harbor area *(a major tourist attraction)*
der **Matjes** salted young herring
das **Tretboot, -e** paddle boat

▷ 1. Szene. Das Schild

A **Was haben Sie gesehen?** In diesem Videoabschnitt sind die vier Freunde an der Ostsee, in dem Seebad° „Heiligendamm". Sehen Sie sich die erste Szene ohne Ton an und kreuzen Sie an, was am Strand erlaubt° ist und was nicht erlaubt ist.

seaside resort
permitted

	erlaubt	nicht erlaubt
Leute		
Hunde		
Fahrräder		
Lagerfeuer°		
Rollstühle°		

camp fires

wheel chairs

🔊 ▶ 2. Szene. Am Strand

B **Wer ist es?** Sehen Sie sich die zweite Szene ohne Ton an und kreuzen Sie an, wer was trägt, hat oder macht.

	Anton	Hülya	Lily	Paul
trägt einen rot-grünen Schal				
hat eine blaue Thermoskanne				
hat eine Kamera				
trinkt etwas Tee				

🔊 ▶ 3. Szene. Hamburg

C **Vor zwei Jahren** Paul hat Lily vor zwei Jahren besucht. Was haben die beiden damals gemacht und gesehen? Markieren Sie die folgenden Sätze mit **ja** oder **nein**.

	Ja	Nein	
Paul trägt eine weiße Mütze.	_____	_____	
Sie sitzen draußen an einem Cafétisch.	_____	_____	
„Planten un Blomen"	_____	_____	
Sie essen ein Fischbrötchen.	_____	_____	
Lily drückt auf den Knopf° der Fußgängerampel°, um über die Straße zu gehen.	_____	_____	signal button / pedestrian traffic signal
Containerschiffe	_____	_____	

🔊 ▶ 4. Am Telefon

D **Lily und Christian** Kreuzen Sie an, was Sie gesehen haben: **Ja** oder **nein**.

	Ja	Nein	
Lily spricht am Handy.	_____	_____	
Hülya versucht zu hören, was Christian sagt.	_____	_____	
Paul versucht auch mitzuhören.	_____	_____	
Lily und Christian fahren Tretboot°.	_____	_____	paddle boat

E Wer hat das gesagt? Sehen Sie sich das Video jetzt mit Ton an. Wer hat die folgenden Aussagen gemacht?

	Anton	Hülya	Lily	Paul
1. Willst du einen Schluck Tee?				
2. Als ich noch klein war, hat sie mir im Winter jeden Morgen eine Tasse Tee ans Bett gebracht.				
3. Die hat mir Lily vor zwei Jahren in Hamburg geschenkt.				
4. Paul hat immer gefroren.				
5. Ich bin dieses kalte Wetter halt nicht gewöhnt.				
6. Hast du auch ein Fischbrötchen gegessen?				
7. Und schöne Augen hat er.				
8. Ich hatte ja auch mal eine Freundin; die wollte aber heiraten und Kinder.				
9. Ach, ich kann mir schon vorstellen, dass ich mal Familie und Kinder haben möchte.				

F Christian Was wissen Sie über Christian? Antworten Sie mit kurzen Sätzen.

1. Wo hat Lily Christian getroffen?

_____

2. Warum weiß Paul etwas über Christian?

_____

_____

3. Was gefällt Lily an Christian besonders?

_____

_____

4. Sind Lily und Christian ein Paar?

_____

5. Sie haben Christian kurz im Tretboot gesehen. Beschreiben Sie ihn. Gefällt er Ihnen? Warum (nicht)?

_____

_____

_____

G Seebad Heiligendamm Suchen Sie im Internet Informationen über das Seebad Heiligendamm.
1. Schreiben Sie 3 bis 4 Fakten über Heiligendamm.

_____

_____

_____

_____

2. Möchten Sie im Seebad Heiligendamm Urlaub machen? Warum (nicht)?

_____

_____

_____

_____

Auf dem Weisshorn

Vokabeln

abenteuerlich adventurous, exciting
aus•steigen, [ist] ausgestiegen to get out (of vehicle)
die **Bahntrasse** railway line
bloß only
da drüben over there

die Entschuldigung, -en excuse; **Entschuldigung!** Excuse me.
erstmal first of all
klettern [ist] to climb
irgendwas something
lahm weak, sluggish
schlecht bad; **mir wird schlecht** I'm getting sick.

die Richtung, -en direction
runter down
schade too bad
schlapp worn out
sich vorstellen to imagine
die Wiese,-n meadow

▷ 1. Szene. In der Bahn

A **Was haben Sie gesehen?** Sehen Sie sich die erste Szene ohne Ton an und kreuzen Sie alles an, was Sie gesehen haben.

_____ Berge mit Schnee

_____ einen Gletscher

_____ Skifahrer

_____ einen See

▷ 2. Szene. Auf dem Weisshorn

B **Was haben Sie gesehen?** Sehen Sie sich die zweite Szene ohne Ton an und kreuzen Sie alles an, was Sie gesehen haben.

_____ viel Schnee

_____ einen Drachenflieger

_____ ein Dorf im Tal

_____ die vier Freunde machen eine Pause

_____ die Freunde essen Schinkenbrote

_____ eine Frau kommt vorbei

🔊 ▷3. Szene. An der Kletterwand

C Was haben Sie gesehen? Sehen Sie sich die dritte Szene ohne Ton an und kreuzen Sie alles an, was Sie gesehen haben.

_____ ein Mann klettert die Wand hinauf

_____ Anton und Paul klettern hinauf

_____ Lily klettert auch hinauf

_____ Anton macht ein Foto

▷ **D Wer hat das gesagt?** Sehen Sie sich das Video jetzt mit Ton an und kreuzen Sie an, wer die folgenden Aussagen gemacht hat.

	Anton	Hülya	Lily	Paul	Kletterlehrer⁰	Spaziergängerin	_cl_
1. Die Berge sind noch viel höher als ich dachte!							
2. Ist das da ein Gletscher?							
3. Im Winter ist das hier ein Paradies für Skifahrer.							
4. Das Wasser kannst du sicher trinken, so sauber ist es!							
5. Puh, ganz schön anstrengend. Mir tun schon die Beine weh.							
6. Ich fühle mich auch ganz schlapp.							
7. Mann, seid ihr lahm.							

	Anton	Hülya	Lily	Paul	Kletterlehrer	Spaziergängerin
8. Entschuldigung, können Sie uns sagen, wie wir zur Kletterwand Haldenstein kommen?						
9. Nein, sie meinte, dass wir hier auf dem Weisshorngipfel sind, dem schönsten Berg.						
10. Ah. Sollen wir die Kletterwand noch machen?						
11. So was bin ich schon oft hochgeklettert!						
12. Mir wird ja schon vom bloßen Hinschauen schlecht.						
13. Das ist eine Kletterroute für Anfänger.						
14. Seht ihr? So einfach ist das. Na?						
15. Super! Komm wieder runter.						

E **Richtig oder falsch?** Kreuzen Sie an, ob die Sätze **richtig** oder **falsch** sind.

		Richtig	Falsch
1.	In den Alpen gibt es keine Gletscher mehr.	_____	_____
2.	Auf dem Weisshorn machen die Freunde eine Pause.	_____	_____
3.	Nur Anton hat die Schweizerin verstanden.	_____	_____
4.	Anton macht ein Foto von den Bergen.	_____	_____
5.	Anton, Paul und Lily klettern die Wand hinauf.	_____	_____

F Auf dem Weisshorn Schauen Sie sich Bilder vom Weisshorn im Internet an.

    a. Bei welchem Wetter gefallen Ihnen die Fotos vom Weisshorn am besten? Beschreiben Sie eins der Fotos.

    b. Suchen Sie auch Informationen über den Berg. Schreiben Sie zwei bis drei Fakten auf.

_____

_____

_____

_____

_____

_____

_____

G Urlaub im Hotel Weisshorn Suchen Sie im Internet Informationen über das Hotel Weisshorn. Möchten Sie da im Winter oder im Sommer Urlaub machen? Warum (nicht)?

_____

_____

_____

_____

_____

_____

_____

_____

KAPITEL

10

Stadtrundgang

Vokabeln

der/die **Abgeordnete** *(noun decl. like adj.)* representative
sich ändern to change
auf•stellen to set up
die **Bevölkerung** population, people
eigenartig peculiar, strange; **etwas Eigenartiges** something peculiar

erscheinen, [ist] erschienen to appear
flach flat
gleichzeitig at the same time
die **Herrschaften** *(formal)* ladies and gentlemen
die **Höhe, -n** height
der **Klotz, ⸚e** block
niedrig low

normalerweise normally
die **Mythologie** mythology
oben above
spüren to sense, feel
der **Stadtführer, -/**die **Stadtführerin, -nen** city tour guide
der **Stadtrundgang** city tour
tief deep
das **Volk, ⸚er** people, nation

Sehenswürdigkeiten in Berlin

a. **Das Brandenburger Tor.** This former 200-year-old city gate was closed as a crossing between East and West Berlin after the building of the Berlin Wall. When the wall was opened on Nov. 9, 1989, East and West Germans gathered here and it has been a gathering place for important events ever since. The **Quadriga (das Viergespann)**, is a carriage drawn by four horses. It is driven by **Nike, die Siegesgöttin** (goddess of victory).

b. **Die East Side Gallery.** This international memorial for freedom is the longest preserved piece of the former Berlin Wall (1.3 km) and the longest open-air gallery in the world. It contains paintings by 106 international artists.

c. **Der Fernsehturm.** The T.V. tower at 386 meters is the fourth highest structure in Europe. It contains a revolving restaurant and attracts 1 million visitors a year.

d. **Das Holocaust-Mahnmal.** The memorial to the murdered Jews of Europe covers 4.7 acres and contains 2711 concrete slabs or stelae **(Stelen)** and is situated near the **Brandenburger Tor.** It opened in 2005.

e. **Der Reichstag.** Seat of the German Parliament. It is situated near the **Brandenburger Tor** and is one of the most popular tourist attractions in Berlin.

f. **Das Sony Center.** The center, which opened in 2000, consists of apartments, movie theaters, restaurants, and offices. Approximately 8 million visitors come here every year.

🔇 ▶ **A Wann haben Sie die Sehenswürdigkeiten gesehen?** Sehen Sie sich das Video ohne
Ton an und ordnen Sie die Sehenswürdigkeiten nach der Reihenfolge, in der Sie sie sehen.

_____ a. das Brandenburger Tor

_____ b. die East Side Gallery

_____ c. der Fernsehturm

_____ d. das Holocaust-Mahnmal

_____ e. der Reichstag

_____ f. das Sony Center

▶ **B Wissen Sie das?** Wählen Sie die richtige Antwort.

1. Wie stellt sich der Stadtführer vor?
   a. Mein Name ist Baumann.
   b. Ich bin der Herr Baumann.
   c. Ich heiße Frank Baumann.

2. Was sagen Hülya, Lily und Paul, als sie Herrn Baumann kennenlernen?
   a. Wie geht es Ihnen?
   b. Es freut mich.
   c. Hallo.

3. Paul macht einen dummen Witz° und fragt, ob die Leute in der Schlange vor dem   *joke*
   Reichstag _____ sind.
   a. Touristen
   b. Abgeordnete
   c. Studenten

4. Herr Baumann erklärt den visuellen Effekt des Mahnmals und sagt, je tiefer man
   geht, desto _____ scheinen subjektiv die Stelen zu sein.
   a. höher
   b. heller
   c. kleiner

5. An der Stelle vor dem Brandenburger Tor, wo früher die Mauer war, springen die
   Freunde über die Linie ...
   a. nach Berlin hinein.
   b. vom Osten in den Westen.
   c. vom Westen in den Osten.

C **Schreiben Sie** Wählen Sie ein Thema.

1. **Antons E-Mail.** Anton schreibt seiner Schwester in Salzburg, was er und seine Freunde in Berlin gemacht und gesehen haben und wie es ihm gefallen hat. Schreiben Sie Antons E-Mail.
2. **Herr Baumann.** Wie finden Sie Herrn Baumann? Sympathisch? Humorvoll? Kompetent? Würden Sie gerne bei ihm eine Führung machen? Erklären Sie, warum oder warum nicht. Schreiben Sie zwei bis drei Sätze.

_____

_____

_____

_____

_____

_____

D **Berliner Sehenswürdigkeiten** Wählen Sie aus der folgenden List eine Berliner Sehenswürdigkeit aus und suchen Sie im Internet Informationen darüber:

der Fernsehturm	die Kaiser-Wilhelm-Gedächtniskirche
die East Side Gallery	der Kurfürstendamm
die Museumsinsel	das Strandbad Wannsee
KaDeWe: Kaufhaus des Westens	

1. Schreiben Sie vier bis fünf Fakten darüber.

_____

_____

_____

_____

_____

2. Welche Sehenswürdigkeit interessiert Sie besonders? Warum?

_____

_____

_____

_____

_____

_____

Ein Vorstellungsgespräch

KAPITEL 11

Vokabeln

der **Aerobiclehrer, -/die Aero-biclehrerin, -nen** aerobic instructor
die **Agentur, -en** agency
die **Apfelschorle, -n** apple spritzer
der **Berufseinsteiger, -/die Berrufseinsteigerin, -nen** person starting a career
das **Bewerbungsgespräch, -e** job interview
sich bewerben (i), bewarb, be-worben to apply for (a job)
der **Bierkrug, -krüge** beer stein

dringend urgently
Einverstanden! Agreed!
der **Graphiker, -/die Graphikerin, -nen** graphic designer
sich kümmern um to take care of
der **Lebenslauf** resumé
die **Rennerei** constant running
der **Ruf** reputation
schicken to send
Stadt-Land-Fluss popular German game (similar to *Scattergories*)

der **Traumberuf, -e** ideal/dream job
unterwegs on the way
der **Verlag, -e** publishing house
sich vorstellen to imagine
das **Vorstellungsgespräch, -e** job interview
die **Werbeagentur, -en** advertis-ing agency
die **Werbebranche, -n** advertising industry
die **Zuverlässigkeit** reliability

1. Szene. Im Zug

A **Ergänzen Sie die Sätze** Sehen Sie sich die erste Szene an und kreuzen Sie die richtige Antwort an.

1. Im Abteil° fehlt _____.   *compartment*
   a. Paul
   b. Lily
   c. Anton

2. Im Buch steht, wie man _____ richtig schreibt.
   a. einen Lebenslauf
   b. einen Geschäftsbrief
   c. eine formelle E-Mail

3. Anton trägt heute _____.
   a. Hose, Hemd und Pullover
   b. Hose, Hemd und keine Krawatte
   c. einen dunklen Anzug

4. Da Anton nervös ist, machen die Freunde zur Übung ein Bewerbungsgespräch. Lily spielt _____.
   a. die Chefin
   b. die Sekretärin
   c. eine Kollegin

5. Anton möchte als _____ arbeiten.
   a. Informatiker
   b. Architekt
   c. Graphiker

6. Welche Eigenschaft nennt Paul als eine seiner Stärken?
   a. Sauberkeit
   b. Pünktlichkeit
   c. Kreativität

B **Wer hat das gesagt?** Sehen Sie sich das Video an und kreuzen Sie an, wer die folgenden Aussagen gemacht hat.

	Anton	Hülya	Lily	Paul
1. Hier steht, wie man einen Lebenslauf richtig schreibt.				
2. Schickt man da auch ein Foto von sich mit?				
3. Na, wie gefalle ich euch?				
4. Gut siehst du aus.				
5. Ich spiele die Sekretärin.				
6. Ich möchte als Graphiker arbeiten.				
7. Was sind denn Ihre Stärken?				
8. Wir müssen aussteigen.				

▷ 2. Szene. Beim Vorstellungsgespräch

C **Richtig oder falsch?** Sehen Sie sich das Video an und kreuzen Sie an, ob die folgenden Aussagen **richtig** oder **falsch** sind.

	Richtig	Falsch
1. Alle Angestellten arbeiten in kleinen Büros.	————	————
2. Der Raum ist sehr hell, denn es gibt viele Fenster.	————	————
3. Die Chefin hat heute keine Zeit mit Anton zu sprechen.	————	————
4. Herr Meinert findet Antons Krawatte sehr schön.	————	————
5. In der Firma sind alle eher informell gekleidet.	————	————
6. Herr Meinert stellt viele Fragen und Anton wird sehr nervös.	————	————

▷ 3. Szene. Im Biergarten

D **Was haben Sie gesehen?** Sehen Sie sich die dritte Szene ohne Ton an und kreuzen Sie alles an, was Sie im Biergarten gesehen haben.

———— 1. Es sind Gäste an jedem Tisch.

———— 2. Hülya, Lily und Paul sitzen an einem Tisch.

———— 3. Die Bedienung geht an ihnen vorbei.

———— 4. Paul kommt und setzt sich zu ihnen.

———— 5. Die Freunde essen etwas.

E Wer hat das gesagt? Sehen Sie sich das Video jetzt mit Ton an und kreuzen Sie an, wer die folgenden Aussagen gemacht hat.

	Anton	Hülya	Lily	Paul	Bedienung
1. Können wir bestellen?					
2. Ich komm' gleich.					
3. Diese Rennerei mit Bierkrügen ist bestimmt anstrengend.					
4. Ich bringe euch die Getränke.					
5. Wie ist es gelaufen?					
6. Ich glaube, die Krawatte ist da nicht so wichtig in diesem Büro.					
7. So, ich brauch' jetzt erstmal 'nen starken Kaffee, bitte.					

F Schreiben Sie Wählen Sie eines der folgenden Themen und schreiben Sie kurz darüber.

1. Anton sagt, er könnte sich vorstellen bei der Firma zu arbeiten. Was hat ihm wohl gefallen? Was meinen Sie? Schreiben Sie drei bis vier Punkte, die er wohl gut fand.
2. Welchen Eindruck von der Atmosphäre in dieser Firma haben Sie bekommen? Beschreiben Sie Ihren Eindruck. Würden Sie gern bei der Firma arbeiten? Warum (nicht)? Schreiben Sie 20 bis 30 Wörter.
3. In Deutschland ist bei einem Lebenslauf immer ein Foto der Person dabei. Wie finden Sie das? Schreiben Sie drei bis vier Sätze.

_____

_____

_____

_____

_____

_____

Alles Gute zum Geburtstag

KAPITEL 12

Vokabeln

der **Appetit** appetite: **Guten Appetit!** Enjoy your meal.
auf•bauen to construct
auf•geregt excited
aus•blasen (bläst aus), blies aus, ausgeblasen to blow out
aus•packen to unwrap
behalten (behält), behielt, behalten to keep
bunt colorful

die **Currywurst** grilled sausage with ketchup and curry powder, a speciality of Berlin
die **Existenz** existence
gegenüber opposite (to)
das **Geschenk, -e** present
das **Glück** luck, good fortune
hoch high: **Hoch soll sie/er leben!** Happy Birthday!
indisch Indian (from India)

irgendwann sometime
lecker delicious
sozusagen so to speak
die **Staatsangehörigkeit** nationality
träumen to dream
zurück•kehren [ist] to return
zweisprachig bilingual

▷ 1. Szene. Im Zug

A **Was haben Sie gesehen?** Sehen Sie sich die erste Szene ohne Ton an und kreuzen Sie alles an, was Sie gesehen haben.

_____ Anton und Paul haben einen kleinen Kuchen mit einer Kerze.

_____ Anton und Paul stellen den Kuchen auf den Tisch vor Hülya.

_____ Die Freunde geben Hülya Geschenke.

_____ Hülya bläst° die Kerze aus, macht die Geschenke auf und die Freunde applaudieren.

bläst ... aus: *blows out the candle*

_____ Paul macht ein Foto.

▷ **B** **Hülyas Geburtstagsfeier** Wie feiern die Freunde Hülyas Geburtstag? Sehen Sie sich das Video jetzt mit Ton an und ergänzen Sie die Sätze.

1. Zum Geburtstag bekommt Hülya ...
   a. einen Kuchen mit einer Kerze.
   b. einen Kuchen ohne Kerzen.
   c. keinen Kuchen.

2. Hülyas Freunde singen das Lied ...
   a. Happy Birthday.
   b. Hoch soll sie leben.
   c. Herzlichen Glückwunsch.

3. Als Paul Hülya sein Geschenk gibt, sagt er ...
   a. Hoffentlich gefällt es dir.
   b. Alles Gute zum Geburtstag!
   c. Du darfst es umtauschen°.   *exchange*

4. Als Hülya die Geschenke bekommt, sagt sie ...
   a. Ach, wie nett.
   b. Danke. Das hättest du nicht machen sollen.
   c. Danke. Ihr seid so lieb.

C **Hülyas Familie** Was erfahren die Freunde über Hülya und ihre Familie? Sehen Sie sich das Video mit Ton an und kreuzen Sie an, ob die folgenden Aussagen **richtig** oder **falsch** sind.

		Richtig	Falsch
1.	Die Großeltern kamen aus der Türkei nach Deutschland.	_____	_____
2.	Die Eltern sind in Deutschland geboren.	_____	_____
3.	Die Eltern sprechen nur türkisch.	_____	_____
4.	Die Eltern möchten eines Tages wieder in der Türkei leben.	_____	_____
5.	Hülya besucht ihre Verwandten in der Türkei nicht sehr oft, denn die Reise ist teuer.	_____	_____
6.	Hülya ist jetzt 23 und muss sich entscheiden, ob sie die deutsche Staatsangehörigkeit annimmt oder die türkische behält.	_____	_____

2. Szene. In Kreuzberg

D **Was passiert wann?** Sehen Sie sich die zweite Szene ohne Ton an und bringen Sie die Sätze in die richtige Reihenfolge.

_____ a. Hülya bringt den Freunden Besteck°.   *silverware*

_____ b. Paul und Hülya stehen an einem Tisch.

_____ c. Die Freunde gehen am Restaurant Papano vorbei.

_____ d. Hülya kauft etwas an der Imbissbude° und holt sich Besteck.   *fast-food stand*

_____ e. Anton filmt Paul und Lily.

E **Wer hat das gesagt?** Sehen Sie sich das Video jetzt mit Ton an. Wer hat die folgenden Aussagen gemacht?

	Anton	Hülya	Lily	Paul
1. Das ist alles so schön bunt hier.				
2. Ein italienisches Lokal neben einem indischen Restaurant gegenüber von einem türkischen Laden.				
3. Mensch, hab' ich Hunger.				
4. Und *action.*				
5. Echt deutsch mit amerikanischem Ketchup und indischem Curry!				
6. Guten Appetit.				

F **Die vier Freunde** Die Ferien und die Reise der vier Freunde sind jetzt zu Ende. Sie haben sie ziemlich gut kennengelernt. Was halten Sie von ihnen? Schreiben Sie zwei bis drei Sätze über jede Person. Finden Sie sie sympatisch? Möchten Sie sie als Freunde haben? Würden Sie sie gern einmal besuchen?

_____

_____

_____

_____

_____

_____

_____

_____

_____

_____

_____

_____

_____

_____

SELF-TESTS AND ANSWER KEY

Self-Tests

Einführung

A How do you ask someone for personal information in German?
1. What is your name?
2. How old are you?
3. What is your address?
4. What is your telephone number?
5. What is your e-mail address?

B Give the German equivalents of the following courtesy expressions.
1. thank you   2. you're welcome

C 1. How would you greet someone at the following times of day?
   a. in the morning   c. in the evening
   b. in the afternoon
2. How would you greet someone informally?
3. Give three ways to say good-bye in German.
4. Someone asks how you are. Give one positive and one negative response.

D 1. Name five colors in German.
2. Ask what color the wall is.

E 1. How can you tell what gender a German noun is?
2. Give the gender of the following nouns.
   a. Bleistift   c. Bett   e. Mann
   b. Tür   d. Frau
3. Complete the sentences with the proper definite article.
   a. _____ Kugelschreiber ist neu.
   b. _____ Zimmer ist klein.
   c. _____ Lampe ist alt.
   d. Wie ist _____ Tisch? Groß oder klein?
   e. Wie alt ist _____ Kind?
   f. _____ Uhr ist neu.
4. Say what is in your room. Use the proper indefinite article.
   In meinem Zimmer ist ...
   a. _____ Bett.
   b. _____ Lampe.
   c. _____ Bücherregal.
   d. _____ Uhr.
   e. _____ Pflanze.
   f. _____ CD-Player.

F Complete the answer, using a pronoun that corresponds to the noun in the question.
1. Ist der Junge zwölf?
   —Nein, _____ ist elf.
2. Ist das Kind drei?
   —Nein, _____ ist zwei.
3. Ist die Wand grün?
   —Nein, _____ ist blau.
4. Ist der Rucksack neu?
   —Nein, _____ ist alt.
5. Heißt die Studentin Laura?
   —Nein, _____ heißt Christine.
6. Ist das Handy neu?
   —Nein, _____ ist alt.

Kapitel 1

A Give three types of answers to the following question:
Gehst du heute Abend ins Kino?
1. Affirmative
2. Negative
3. Maybe

B 1. Give the days of the week in German.
2. Ask what day it is.
3. Say it is Thursday.

C 1. Write the German equivalent for each of the following sentences relating to time.
   a. What time is it?
   b. I'm going at one o'clock.
2. Write out the following clock times in German using conversational German (Method 1).
   a. 2:15   b. 3:45   c. 6:30
3. How is official time indicated, for example in train schedules?

D Give antonyms for the following words.
1. faul
2. freundlich
3. traurig
4. ernst
5. sympathisch

E 1. What are the three words for *you* in German?
2. Which form of *you* do you use in talking to the following people?
   a. a saleswoman   c. a friend
   b. two children   d. your mother
3. Give the German equivalents of the following English pronouns.
   a. he   c. we   e. they
   b. she   d. I
4. How can you tell whether **sie** means *she* or *they?*
5. Give the German equivalents of:
   a. She plays tennis well.
   b. They play tennis well.

F What are the German equivalents of the forms of the English verb *to be?*
   a. I am   d. they are
   b. we are   e. you are *(3 forms)*
   c. she is

G 1. What is the basic form of a German verb?
2. What is the most common ending of the basic verb form?
3. Give the German infinitives for the following verbs:
   a. to believe   c. to work
   b. to hike

4. Give the stems of the verbs in 3 above.
5. What ending does the verb take when used with the following subjects?
   a. du   d. wir   g. Sie *(pl.)*
   b. ihr   e. er
   c. ich   f. sie *(sg.)*
6. Complete the following sentences with the proper form of the verb in parentheses.
   a. _____ du heute Volleyball? (spielen)
   b. Ich _____ gern Musik. (hören)
   c. Er _____ viel. (arbeiten)
   d. Anna _____ gern. (wandern)
   e. Wir _____ gern. (schwimmen)
   f. Die Frau _____ Lisa. (heißen)
   g. Wie _____ du? (heißen)

H The German present tense also expresses something intended or planned for the future. Use the cues to make German sentences that express a future activity.
1. ich / gehen / heute Abend / ins Kino
2. Jens / arbeiten / heute Abend / am Computer

I 1. How do you say you like to do something in German?
2. Say that the following people like to do the things named.
   a. Sophia spielt Schach.
   b. Ich wandere.
   c. Wir treiben Sport.

J 1. Where does **nicht** come in relationship to the following:
   a. predicate adjectives: Lea ist **freundlich.**
   b. specific time expressions: Moritz kommt **heute.**
   c. most other adverbs, including general time adverbs: David spielt **gut** Schach.
   d. dependent infinitives: Wir gehen heute **wandern.**

2. Make the following sentences negative by adding **nicht** in the proper place.
   a. Wir schwimmen gern.
   b. Simon wandert viel.
   c. Ich gehe joggen.
   d. Wir arbeiten morgen.
   e. Jennifer ist nett.
   f. Justin ist oft krank.

K 1. What is the first word in an informational question?
2. Where is the verb located? The subject?
3. Name three interrogative words.
4. Ask informational questions using the words in parentheses.
   a. Kevin spielt gut Fußball. (wer)
   b. Antonia spielt gern Volleyball. (was)
   c. Wir gehen heute Abend ins Kino. (wann)

L 1. What is the first word in a yes/no question?
2. Convert the following statements into yes/no questions.
   a. Jasmin spielt oft Fußball.
   b. Florian arbeitet viel.
   c. Du spielst gut Schach.

Kapitel 2

A Give three responses expressing skepticism about the following statement about the weather: **Morgen ist es bestimmt schön.**

B Write out the names of the months in German.

C 1. What is the gender of the names of most countries in German?
2. Name one feminine country and one plural country in German.

D Give the feminine form of the following nouns.
1. der Student
2. der Schweizer
3. der Nachbar

E Replace the word **heute** with **auch gestern** and rewrite each of the following sentences in the simple past.
1. Ich bin heute müde.
2. Annika ist heute krank.

3. Du bist heute ruhig.
4. Luca und Jan sind heute müde.

F Ask when the birthdays of the following people are:
1. du
2. Pascal
3. ihr
4. Celine und Jana

G 1. In what position is the finite verb (the verb that agrees with the subject) in a German statement?
2. Rewrite the following sentences, beginning with the word(s) in bold type.
   a. Das Wetter war **am Sonntag** nicht gut.
   b. Die Sonne scheint **hoffentlich** morgen.

H 1. What case is used in German for the subject of a sentence and for a predicate noun?
2. Which verbs are often followed by predicate nouns?
3. Write out the subjects and any predicate nouns in the following sentences.
   a. Gestern war das Wetter schön.
   b. Dominik Schmidt ist Schweizer.
   c. Pascals Freundin heißt Nina.

I 1. What is the definite article used with all plural nouns?
2. Give the plural of the following nouns, including the article.
   a. das Fenster   d. die Uhr
   b. der Tisch   e. der Stuhl
   c. das Buch   f. die Studentin

J 1. What is the German indefinite article before masculine and neuter nouns?
2. What is the indefinite article before feminine nouns?
3. Complete the following sentences with an indefinite article.
   a. Ist das Kind _____ Mädchen oder _____ Junge?
   b. Ist die Frau _____ Nachbarin von Lena?
   c. Ist das wirklich _____ DVD-Player?

K
1. What is the negative form of **ein?**
2. What negative do you use when the noun is preceded by a definite article?
3. Complete the following sentences with **kein** or **nicht,** as appropriate.
   a. Das ist _____ Handy.
   b. Das ist _____ die Parkstraße.
   c. Charlotte ist _____ Freundin von Alina.

L
1. Give the German equivalents of the English possessive adjectives.
   a. _____ Handy (your *fam. sg.*)
   b. _____ Stadt (their)
   c. _____ Freunde (her)
   d. _____ Land (our)
   e. _____ Adresse (my)
2. Say that the following things belong to the persons named.
   a. _____ Gitarre (Jens)
   b. _____ Rucksack (Pia)

M Answer the following questions in the affirmative, using personal pronouns.
1. Ist der Computer neu?
2. Ist dein Rucksack praktisch?
3. Ist das Kind drei Jahre alt?
4. Arbeitet deine Freundin Pia heute Abend?
5. Wandern deine Freunde Tim und Leon gern?
6. Weißt du, wie alt Professor Schmidt ist?

Kapitel 3

A Give three responses to the following invitation:
Gehen wir morgen inlineskaten?
1. Accept the proposal gladly.
2. Reject the proposal with regret.
3. Leave the possibility open.

B What German word do you use to contradict the assumptions in the following sentences?
1. Monika isst keinen Fisch.

_____ !

2. Arbeitest du denn nicht?

_____ !

C Give three foods/beverages a German might have at each of the following meals.
1. Frühstück

2. Mittagessen
3. Abendessen

D Name the store where a German might buy the following items.
1. Brot
2. Wurst
3. Aspirin
4. ein Buch über die Schweiz

E
1. Which noun in a compound determines the gender?
2. Make a compound of the following nouns.
   a. der Tisch + die Lampe
   b. die Kartoffel + der Salat

F
1. You have learned two German equivalents for *to know.* For each of the following definitions, write the appropriate German word.
   a. to know a fact
   b. to be acquainted with a person, place, or thing
2. Complete the following sentences with a form of **wissen** or **kennen.**
   a. _____ du Kevins Freundin?
   b. Ich _____ nicht, wie sie heißt.
   c. _____ du, was sie studiert?

G
1. Which forms of the verbs **essen, geben,** and **nehmen** show stem-vowel change?
2. Complete the following sentences with the proper form of the verb in parentheses.
   a. Was _____ du gegen Kopfschmerzen? (nehmen)
   b. Ich _____ Aspirin. (nehmen)
   c. Zum Frühstück _____ Laura immer frische Brötchen. (essen)
   d. Wir _____ oft Eier. (essen)
   e. In der Konditorei _____ es guten Kaffee. (geben)
   f. _____ du mir fünf Euro? (geben)

H
1. When a sentence has both time and place expressions, which comes first in English? In German?
2. Write a sentence from the following cues.
   wann / du / kommen / nach Hause / heute Abend / ?

I 1. What verb form do you use to tell someone to do something?

2. What is the position of this verb in the sentence?

3. Complete the following commands with the verb form that corresponds to the people indicated.
   a. (Phillipp) _____ mir bitte die Butter. (geben)
   b. (Lara und Julian) _____ gleich nach Hause. (kommen)
   c. (Herr Huber) _____ bitte hier. (bleiben)
   d. (Florian) _____ nicht so nervös. (sein)

J 1. Which case is used for:
   a. nouns and pronouns that are subjects?
   b. nouns and pronouns that are direct objects?

2. Complete the following sentences with the accusative form of the possessive adjective that corresponds to the subject pronoun.
   a. Ich brauche _____ Heft wieder.
   b. Paula fragt _____ Freund Robin.
   c. Nehmt ihr _____ Bücher?
   d. Brauchst du _____ Lampe?

3. A few masculine nouns show a change in the accusative. Give the accusative form of:
   a. der Junge   b. der Nachbar

4. Name the prepositions that take accusative case.

5. Complete the following sentences, using the cues in parentheses.
   a. _____ ist nicht frisch. (der Kuchen)
   b. Warum kaufst du _____? (der Kuchen)
   c. Leonie und Jonas kennen _____ gut. (ihre Stadt)
   d. Luca arbeitet für _____. (sein Professor)
   e. Habt ihr denn _____ mehr? (kein Brot)
   f. Warum kaufst du nur _____? (ein Stuhl)
   g. _____ suchst du? (wer)
   h. Kennst du _____ da? (der Student)
   i. Gibt es hier _____? (kein Supermarkt)

6. Give the accusative forms of the following pronouns.
   a. Was hast du gegen _____? (er)
   b. Brauchst du _____? (ich)
   c. Wir kennen _____ nicht. (sie, *pl.*)
   d. Sarah und Niklas finden _____ sehr sympathisch. (du)
   e. Machen Sie das bitte ohne _____. (wir)
   f. Unsere Nachbarn suchen _____. (ihr)

7. Complete the following sentences with personal pronouns.
   a. Der Kaffee ist gut, nicht? —Nein, ich finde _____ nicht gut.
   b. Ich brauche Brot. —Kauf _____ aber bei Reinhardt!
   c. Wer ist der Herr da? —Ich kenne _____ nicht.

Kapitel 4

A Give two expressions of regret as a response to the following request:
Sollen wir jetzt einen Kaffee trinken gehen?

B Give three responses to the following question to indicate you are preparing class work or studying for a test.
Was machst du heute Abend?

C How would you say in German that . . .
1. Alex is an American.
2. His father is an engineer.
3. His sister is a student.

D Tell how many members are in your family and how many relatives you have (for example, **Ich habe zwei Brüder, eine Tante, ...**).

E 1. What vowel changes do the verbs **lesen, sehen,** and **werden** have?

2. Give the **ich-, du-,** and **er / es / sie-**forms of **werden.**

3. Complete the sentences with the correct form of the verb in parentheses.
   a. Leonie _____ viel. (lesen)
   b. _____ du gern lustige Filme? (sehen)
   c. Marcel _____ besser in Mathe. (werden)
   d. Warum ____ du jetzt so ruhig? (werden)

F 1. What vowel change do the verbs **fahren** and **halten** have?

2. Complete the sentences with the correct form of the verb in parentheses.
   a. Wann _____ Paula nach Hamburg? (fahren)
   b. _____ du mit Paula? (fahren)
   c. Was _____ du von ihren Freunden? (halten)

G Replace the word **heute** with the words **auch gestern** and rewrite each of the following sentences in the simple past.
1. Florian hat heute keine Zeit.
2. Und du hast heute keine Zeit.

H 1. What pattern of endings do the words **dieser, jeder, welcher, mancher,** and **solcher** follow?

2. Which **der**-word is used only in the singular? What does it mean?

3. Which two **der**-words are used mostly in the plural? What do they mean?

4. Complete the following sentences with the correct form of the cued **der**-word.
   a. _____ CD-Player ist teuer. (dieser)
   b. _____ CD-Player meinst du? (welcher)
   c. Und _____ CDs sind auch teuer. (mancher)
   d. _____ CDs sind immer teuer. (solcher)
   e. _____ Geschäft in dieser Stadt ist teuer. (jeder)

I 1. Which kind of verb expresses an attitude about an action rather than the action itself?

2. Give the German infinitives that express the following ideas.
   a. to want to   d. to be allowed to
   b. to be supposed to   e. to be able to
   c. to have to   f. to like

J 1. German modals are irregular. Which forms lack endings?

2. What other irregularity do most modals show?

3. Give the proper forms of the verbs indicated.
   a. ich _____ (können)
   b. er _____ (dürfen)
   c. du _____ (müssen)
   d. wir _____ (sollen)
   e. Chiara _____ (wollen)
   f. Ich _____ es nicht. (mögen)

K The modal **mögen** and its subjunctive form **möchte** have two different meanings. Complete the sentences with the correct form of the appropriate verb, **mögen** or **möchte**.
1. _____ du Annika?
2. Ich kenne sie nicht, aber ich _____ sie kennenlernen.

L 1. Modal auxiliaries are generally used with dependent infinitives. What is the position of the infinitive in such a sentence?

2. Rewrite the following sentences, using the modal in parentheses.
   a. Arbeitest du heute? (müssen)
   b. Ich mache es nicht. (können)
   c. Jennifer sagt etwas. (wollen)

3. When is the infinitive often omitted?

4. Complete the sentences with the appropriate modal verb.
   a. _____ du Deutsch?
   b. Es ist spät. Ich _____ nach Hause.

M 1. Which of the following verbs are separable-prefix verbs?
   a. fernsehen   d. mitbringen
   b. bekommen   e. verdienen
   c. einkaufen

2. In what position is the separable prefix in the present tense and the imperative?

3. Write sentences using the guidelines.
   a. du / einkaufen / morgen / ?
   b. ja / ich / müssen / vorbereiten / das Abendessen
   c. du / heute Abend / fernsehen / ?
   d. nein / ich / sollen / meine Notizen / durcharbeiten

Kapitel 5

A Give three very positive responses to the following sentence:

Mein Auto ist kaputt. Kannst du mich morgen abholen?

B Name three things you would like to do during the summer vacation.

C 1. What are two words for *where* in German?
2. Complete the following sentences with **wo** or **wohin**.
   a. _____ wohnt Sophie?
   b. _____ fährst du in den Ferien?

D Name in German three forms of private transportation and three forms of public transportation.

E 1. What vowel change does the verb **laufen** have?
2. Complete the sentences with the correct form of the verb **laufen.**
   a. _____ du gern morgens?
   b. Ja, ich _____ immer um acht Uhr.

F 1. What are the six coordinating conjunctions you have learned?
2. What word means *but* in the sense of *on the contrary?*
3. What word means *but* in the sense of *nevertheless?*
4. Do coordinating conjunctions affect word order?
5. Choose the conjunction that makes sense and use it to combine the sentences.
   a. Julian bleibt heute zu Hause. Er ist krank. (denn, oder)
   b. Er geht morgen nicht schwimmen. Er spielt Tennis. (aber, sondern)
   c. Er spielt Tennis nicht gut. Er spielt gern. (aber, sondern)

G 1. Where does the finite verb (i.e., the verb that agrees with the subject) go in a dependent clause?
2. Combine the following sentences with the conjunction indicated.
   a. Wir können nicht fahren. (weil) Unser Auto ist kaputt.

b. (wenn) Es regnet morgen. Wir müssen zu Hause bleiben.
3. Rewrite the following direct statements as indirect statements, using **dass.**
   a. Luisa sagt: „Die Nachbarn kaufen oft im Supermarkt ein.“
   b. Doch sie findet: „Das Obst da ist nicht so frisch.“

H 1. What case is used in German to signal the indirect object?
2. What is the indirect object in the following sentence?
   Gerd schenkt seiner Schwester ein Poster.
3. Give the dative form of the following nouns:
   a. die Frau   d. die Berge
   b. der Mann   e. der Student
   c. das Auto
4. Complete the sentences with the correct form of the cued words.
   a. Der Vater erzählt _____ eine lustige Geschichte. (die Kinder)
   b. Lena schenkt ihrer Mutter _____. (ein DVD-Player)
   c. Michael leiht _____ sein Fahrrad. (seine Schwester)

I Give the accusative and dative forms of the following pronouns.
1. ich   3. du   5. sie *(sg.)*
2. er   4. wir   6. Sie

J Show your understanding of the word order for direct and indirect objects by completing the sentences with the cued words.
1. Kaufst du _____ _____? (dieses Buch / mir)
2. Ich schreibe _____ _____. (viele E-Mails / meinen Freunden)
3. Der Pulli? Ich schenke _____ _____. (ihn / meinem Bruder)

K 1. Which of the following verbs take objects in the dative case? **antworten, danken, finden, gefallen, glauben, helfen, kennen, nehmen**
2. Which of the following prepositions are followed by dative case? **aus, durch, für, mit, nach, ohne, seit, von, zu**

3. Complete the following sentences with the correct form of the cued words.
   a. Nils wohnt bei _____. (eine Familie)
   b. Er fährt mit _____ zur Arbeit. (der Zug)
   c. Seine Arbeit gefällt _____ sehr. (er)
   d. Du kannst _____ glauben. (ich)
   e. Nils erzählt gern von _____. (seine Freunde)
   f. Zum Geburtstag schenken sie ihm _____. (ein CD-Player)

Kapitel 6

A Your friend is unhappy with one of your remarks and says: **Sei nicht so kritisch.** Give three possible excuses or apologies.

B Name three leisure-time activities that you enjoy.

C 1. Name three articles of clothing that both men and women wear.
2. Name three articles of women's clothing.

D 1. When is the German present perfect tense used?
2. Why is it often called the "conversational past"?

E 1. The present perfect tense consists of two parts. What are the two parts of the verb?
2. What verb is used as the auxiliary for most verbs in the present perfect tense?
3. What other verb is used as an auxiliary for some verbs in the present perfect tense?
4. What conditions must be met to use the auxiliary **sein** with a past participle?
5. What two verbs are exceptions to the general rule about verbs requiring **sein?**
6. Supply the auxiliaries.
   a. Er _____ viel gearbeitet.
   b. _____ du spät aufgestanden?
   c. Wir _____ bis elf geblieben.
   d. Luisa und Paul _____ mir geschrieben.
   e. _____ ihr mit dem Zug gefahren?
   f. Ich _____ gut geschlafen.

F 1. What ending is added to the stem of a regular weak verb like **spielen** to form the past participle?

2. How is the ending different in a verb like **arbeiten,** which has a stem ending in **-t?**
3. How does an irregular weak verb like **bringen** form the past participle differently from regular weak verbs?
4. Give the past participles of the following verbs. **bringen, kosten, machen, denken, haben, kennen, regnen, wandern, wissen, tanzen**

G 1. What is the ending of the past participle of a strong verb like **sehen?**
2. What other change is characteristic for the past participle of many strong verbs?
3. Give the past participles of the following verbs. **finden, geben, lesen, nehmen, schlafen, schreiben, trinken, tun**

H 1. What happens to the **ge-** prefix in the past participle of a separable-prefix verb like **einkaufen?**
2. Give the past participles of the following verbs. **aufstehen, einladen, mitbringen**

I 1. How does the past participle of an inseparable-prefix verb like **bekommen** differ from that of most other verbs?
2. What other type of verb adds no **ge-** prefix?
3. Give the present perfect tense of the following sentences.
   a. Ich bezahle das Essen.
   b. Wir erzählen Marcel die Geschichte.
   c. Der Film gefällt ihm nicht.
   d. Wann beginnst du mit der Arbeit?
   e. Jana studiert in Bonn.
   f. Der Roman interessiert mich nicht.

J 1. In what position is the past participle in an independent clause?
2. Where do the past participle and the auxiliary verb come in a dependent clause?
3. Rewrite the following sentences in the present perfect tense.
   a. Ich stehe spät auf, denn ich arbeite bis elf.
   b. Ich schreibe keine E-Mails, weil ich keine Zeit habe.

K Rewrite the following sentences in the present perfect tense.

1. Nils und ich machen Urlaub in Österreich.
2. Wir wohnen in einem kleinen Hotel.
3. Morgens stehen wir ziemlich spät auf.
4. Und wir liegen oft in der Sonne.
5. Wir schwimmen auch manchmal im See.
6. Danach gehen wir meistens wandern.
7. Alles gefällt uns sehr gut.
8. Am Sonntag fahren wir mit dem Zug nach Wien.
9. Dort bleiben wir bis Dienstag.
10. Am Mittwoch fliegen wir dann nach Berlin zurück.

Kapitel 7

A Respond to one of the following statements with an expression of agreement and to the other with an expression of disagreement.
1. Klassische Musik ist langweilig.
2. Science-Fiction-Filme sind toll.

B A friend asks what household chores you do. Give three possible answers.
Welche Arbeiten machst du zu Hause?

C Name three pieces of furniture or appliances found in the following rooms.
1. das Wohnzimmer
2. das Schlafzimmer
3. die Küche

D 1. The words **hin** and **her** can be used alone or in combination with several parts of speech (for example **hierher, hinfahren**) to show direction. Which word indicates direction toward the speaker? Which indicates direction away from the speaker?
2. What position do **hin** and **her** occupy in a sentence when they stand alone?
3. Complete the following sentences with **hin, her, wo, woher,** or **wohin.**
   a. _____ wohnen Sie?
   b. _____ kommen Sie? Aus Österreich?
   c. _____ fahren Sie in den Ferien?
   d. Meine Tante wohnt in Hamburg. Ich fahre jedes Jahr _____.
   e. Kommen Sie bitte mal _____.

E 1. Indicate which of the following prepositions are always followed by:
   a. the accusative
   b. the dative
   c. either dative or accusative
an, auf, aus, bei, durch, für, gegen, hinter, in, nach, neben, ohne, seit, über, unter, von, vor, zu, zwischen
2. List two contractions for each of the following prepositions:
   a. an   b. in

F Construct sentences from the guidelines.
1. ich / fahren / in / Stadt
2. wir / gehen / auf / Markt
3. Jana / studieren / an / Universität Hamburg
4. Alex / arbeiten / in / ein / Buchhandlung
5. warum / Tisch / stehen / zwischen / Stühle / ?
6. warum / sitzen / du / an / Tisch / in / Ecke / ?

G English uses *to put* and *to be* as all-purpose verbs to talk about position. German uses several different verbs. Complete the following sentences with an appropriate verb from the list.
legen, liegen, stellen, stehen, setzen, sitzen, hängen, stecken
1. Lena _____ die Lampe auf den Tisch.
2. Die Lampe _____ auf dem Tisch.
3. Simon _____ die Uhr an die Wand.
4. Lena _____ das Kind auf den Stuhl.
5. Das Kind _____ auf dem Stuhl.
6. Simon _____ das Heft auf den Tisch.
7. Das Heft _____ auf dem Tisch.
8. Er _____ das Buch in den Rucksack.

H Many verbs in German are combined with prepositions to express certain idiomatic meanings, e.g., **fahren + mit** (*travel + by*). Complete the following sentences with appropriate prepositions.
1. Ich denke oft _____ Justin.
2. Er lacht immer _____ meine Geschichten.
3. Wir fahren zusammen _____ der Bahn zur Uni.

1. What case must be used for time expressions that indicate a definite point in time or duration of time?
2. What case is used with time expressions beginning with **an, in,** or **vor?**
3. Complete the following sentences with the cued words.
   a. Wir bleiben _____. (ein / Tag)
   b. Elias hat vor _____ den Führerschein gemacht. (ein / Jahr)
   c. Paula arbeitet _____. (jeder / Abend)
   d. Er kommt in _____ wieder. (eine / Woche)

1. What construction is used in a German statement in place of a preposition + a pronoun that refers to things or ideas?
2. In German questions, what construction is usually used to replace **was** as the object of a preposition?
3. When does **da-** expand to **dar-** and **wo-** expand to **wor-?**
4. Complete the following sentences using a **da-**compound or a preposition and pronoun, as appropriate.
   a. Spricht Anna oft von ihrer Reise?
      —Ja, sie spricht oft _____.
   b. Machst du das für deine Freundin?
      —Ja, ich mache das _____.
5. Complete the sentences using a **wo-**compound or a preposition and interrogative pronoun, as appropriate.
   a. _____ spielst du morgen Tennis?
      —Ich spiele mit Elisabeth.
   b. _____ habt ihr geredet?
      —Wir haben über den Film geredet.

K 1. What word do indirect informational questions begin with?
2. What conjunction do indirect yes/no questions begin with?
3. Rewrite the following direct questions as indirect questions:
   a. Paul fragt Jessica: „Fährst du morgen zur Uni?"
   b. Jessica fragt Paul: „Wann isst du zu Mittag?"

Kapitel 8

A The following statement appeared in a recent survey about attitudes toward work:
Bei einem Job ist das Wichtigste ein sicherer Arbeitsplatz.
Give two ways to ask a friend's opinion of this conclusion.

B Give at least two words derived from the same root as:
1. studieren
2. Sonne
3. backen

C Form nouns by adding **-heit** or **-keit** to the following adjectives.
1. krank
2. freundlich
3. frei

D 1. Which tense is generally used in German to express future time?
2. Construct a sentence using the guidelines: ich / anrufen / dich / heute Abend (*present tense*)

E 1. When is the future tense used in German?
2. How is the future tense formed in German?
3. In an independent clause where the future is used, what position is the infinitive in?
4. In a dependent clause where the future is used, what verb form is in the final position?
5. Restate in the future tense.
   a. Hannah hilft uns.
   b. Machst du das wirklich?
   c. Michael sagt, dass er einen neuen Job sucht. (*Do not change* **Michael sagt.**)

F Express the idea of *assumption* or *probability* in the following sentences using **wohl, sicher,** or **schon.**
1. Meine Eltern sind zu Hause.
2. Ich finde mein Handy wieder.

G 1. What case is used in German to show possession or other close relationships?
2. In German does the genitive noun precede or follow the noun it modifies?

---

3. Give the genitive of the following masculine and neuter nouns.
   a. das Bild
   b. dieser Laden
   c. der Junge
   d. ein Haus
   e. ihr Bruder
4. Give the genitive form of the following feminine and plural nouns:
   a. die Frau
   b. eine Ausländerin
   c. diese Kinder
   d. meine Eltern
5. What is the genitive form of **wer?**
6. Make a question from the cues, using **wessen. Rucksack / liegen / da / in der Ecke / ?**

H Name four prepositions that are followed by the genitive.

I Complete the following sentences, using the cued words.
1. Ich gebe euch die Handynummer _____ (meine Freundin Sarah).
2. Und ihr könnt auch die Adresse _____ (ihr Freund) haben.
3. Während _____ (euer Urlaub) könnt ihr sie doch besuchen.
4. Ich schreibe euch den Namen _____ (das Hotel) am Bahnhof auf.
5. Die Preise _____ (die Zimmer) sind ganz okay.
6. Wegen _____ (das Wetter) müsst ihr warme Kleidung mitnehmen.

J In German, adjectives that precede nouns take endings. Complete the following sentences, using the cued words.
1. Mein Job ist leider ziemlich _____. (langweilig)
2. Aber ich habe _____ Kollegen. (nett)
3. Und ich habe ein _____ Büro (n.). (schön)
4. _____ Freiheiten habe ich aber nicht bei meiner Arbeit. (groß)
5. Und mein Chef ist auch nicht besonders _____. (sympathisch)
6. In der Zeitung lese ich manchmal _____ Anzeigen. (interessant)
7. Aber _____ Stellen gibt es in meinem Beruf nicht so oft. (gut)
8. Doch die Anzeige einer _____ Firma sah gut aus. (klein)

9. Vielleicht gibt es dort einen _____ Job für mich. (neu)
10. Ich muss aber relativ _____ Geld verdienen. (viel)
11. Denn München ist ziemlich _____. (teuer)
12. Und es gibt fast keine _____ Wohnungen. (billig)

K 1. How are the ordinal numbers from 1–19 formed in German?
2. Give the ordinals for the following numbers:
   a. eins
   b. drei
   c. fünf
   d. sechzehn
3. What is added to numbers after 19 to form the ordinals?
4. Give the ordinals for the following numbers:
   a. einunddreißig
   b. hundert
5. Ordinals take adjective endings. Complete the sentences with the cued ordinals.
   a. Am _____ November habe ich Geburtstag. (7)
   b. Wir müssen leider ein _____ Auto kaufen. (2)

L 1. Ask the date in German.
2. Say it is June first.
3. Write the date, July 6, 2010, as it would appear in a letter heading.

Kapitel 9

A How would you express sympathetic understanding when your friend says: **Ich habe mir den Arm gebrochen.**

B Complete the German expressions:
1. *something good:* etwas Gut_____
2. *nothing special:* nichts Besonder_____
3. *a good acquaintance:* ein guter Bekannt_____
4. *a German (female):* eine Deutsch_____

C For each subject pronoun below, give the accusative and dative reflexive pronoun.
1. ich
2. du
3. sie *(sg. and pl.)*
4. wir
5. er

D Some German verbs are called reflexive verbs because reflexive pronouns are regularly used with these verbs. Construct sentences using the following cues.

1. du / sich fühlen / heute / besser / ?
2. Charlotte / sich erkälten / gestern

E When referring to parts of the body, German usage differs from English in some constructions. Complete the following German sentences.

1. Ich habe mir _____ Hände gewaschen.
2. Und ich habe mir auch _____ Zähne geputzt.

F Name three acts of hygiene that are part of your morning ritual.

G 1. What word precedes the dependent infinitive with most verbs in German?
2. When are dependent infinitives *not* preceded by that word?
3. What is the German construction equivalent to the English *(in order) to +* infinitive?
4. Complete the following sentences with the cued words.
   a. Es macht Spaß _____. (in den Bergen / wandern)
   b. Ich möchte mir _____. (eine neue CD / kaufen)
   c. Vergiss nicht _____. (Blumen / mitbringen)
   d. Ich beginne _____. (deine Ideen / verstehen)
   e. Ich bleibe heute zu Hause, _____. (um ... zu / machen / meine Arbeit)

H 1. How are comparative adjectives and adverbs formed in German?
2. How do some one-syllable adjectives and adverbs change the stem vowel in the comparative?
3. Complete the following sentences using the comparative form of the cued adjective.
   a. Es ist heute _____ als gestern. (kalt)
   b. Mein neues Auto war _____ als mein altes. (teuer)
   c. Moritz wohnt jetzt in einem _____ Zimmer. (groß, schön)

I 1. How are superlative adjectives and adverbs formed in German?
2. What is the ending for the superlative if the base form ends in **-d (wild), -t (leicht),** or a sibilant **(heiß)?**
3. How do some one-syllable adjectives and adverbs change the vowel in the superlative?
4. What form does an adverb or a predicate adjective have in the superlative?
5. Complete the following sentences using the superlative form of the cued adjective or adverb.
   a. Im Winter ist frisches Obst _____. (teuer)
   b. Michelle arbeitet _____. (schwer)
   c. Das ist mein _____ Pulli. (schön)
   d. Gestern war der _____ Tag dieses Jahres. (kalt)

J Give the comparative and superlative forms of:
1. gern   2. gut   3. viel

Kapitel 10

A For weeks you have been tired from too little sleep. Your friend suggests a remedy. Give two possible responses showing you are puzzled about how to follow her/his advice. Your friend has said:
Du musst weniger arbeiten. Fünf Stunden am Tag sind genug.

B Give two logical responses to the question:
Wo warst du gestern Abend?

C Give one example of
1. giving an invitation to attend an event
2. responding to an invitation

D 1. When is the simple past tense used? What is it often called?
2. When is the present perfect tense used? What is it often called?
3. Which verbs occur more frequently in the simple past than in present perfect tense, even in conversation?

E 1. What tense marker is added to modals in the simple past tense?
2. What happens to modals with an umlaut in the simple past?
3. Give the simple past tense forms of the following:
   a. ich darf
   b. du kannst
   c. sie muss
   d. wir mögen

F 1. What is the tense marker for weak verbs in the simple past tense?
2. What is the past-tense marker for **regnen, öffnen,** and verbs with stems ending in **-d** or **-t?**
3. Which forms add no endings in the simple past?
4. Change each of the following present-tense forms to simple past.
   a. ich spiele
   b. Justin arbeitet
   c. es regnet
   d. sie sagen

G Irregular weak verbs have a vowel change in the simple past tense, and several of these verbs have consonant changes. Give the simple past form of the following sentences.
1. Sicher denkt Sophie nicht an Toms Geburtstag.
2. Doch Paul weiß, dass Tom Geburtstag hat.
3. Und er bringt ihm ein Geschenk mit.

H 1. How do strong verbs show the simple past tense?
2. Which forms add no endings?
3. Give the simple past tense of the following verbs.
   a. er spricht
   b. sie sieht
   c. ich gebe
   d. wir bleiben
   e. er fährt
   f. ich bin
   g. sie geht
   h. sie gehen
   i. ich laufe
   j. er trägt

I Restate the following sentences in the simple past and present perfect tenses.
1. Lea geht noch ins Kino.
2. Doch Tobias schreibt an seiner Seminararbeit.

J Give the simple past tense forms of **werden.**
1. ich werde   2. du wirst   3. er / es / sie wird

K 1. Where does the prefix of separable-prefix verbs go in the simple past tense?
2. Construct sentences in the simple past, using the guidelines.
   a. ich / aufstehen / heute / früh
   b. wir / einkaufen / in der Stadt
   c. unsere Party / anfangen / um acht Uhr
   d. Lukas / mitbringen / die Getränke

L 1. When is the past perfect tense used?
2. How is it formed?
3. Complete the sentences with the past perfect of the cued verb.
   a. Ich habe gut geschlafen, weil ich 20 Kilometer _____. (laufen)
   b. Nachdem es den ganzen Tag _____ (regnen), schien die Sonne am Abend.

M **Als, wenn,** and **wann** are equivalent to English *when.*
1. Which must be used for *when* to introduce direct or indirect questions?
2. Which must be used for *when* in the sense of *whenever* (that is, for repeated events) in past time?
3. Which must be used for *when* in clauses with events in the present or future?
4. Which must be used for *when* in clauses concerned with a single past event?
5. Complete the following sentences with **als, wenn,** or **wann,** as appropriate.
   a. Wir haben viel Spaß, _____ Schmidts uns besuchen.
   b. Letzte Woche, _____ sie bei uns waren, haben wir zusammen gekocht.
   c. Aber immer, _____ ich etwas machen wollte, hatte Herr Schmidt eine andere Idee.
   d. Ich weiß nicht mehr, _____ das Essen endlich fertig war, aber es war ziemlich spät.

Kapitel 11

A Your friend tells you of her/his plans for the summer. Give your response in two hypothetical statements. Your friend says: **Im Sommer fahr ich für sechs Wochen nach Italien. Komm doch mit!**

B You have an appointment. Give a possible response from the secretary to your question: **Ist Frau/Herr Neumann zu sprechen?**

C Which profession is related to the following:
1. Patienten
2. Computer
3. Häuser
4. Zähne

D 1. a. What kind of situations does the subjunctive mood express?
   b. Give three uses.
2. Say that Jennifer would also like to do the following. Use **würde. Christian faulenzt viel.**
3. Say that you wish the following situation were different. Use **würde.** Die Sonne scheint nicht. **Wenn die Sonne nur ...**
4. Restate as a request, using **würde. Bleib noch eine Stunde!**

E What verbs are used in their subjunctive form rather than as infinitives with the **würde**-construction?

F 1. What is the subjunctive form of the verb **sein?**
2. What is the subjunctive form of the verb **haben?**
3. What is the subjunctive form of the verb **wissen?**
4. Give the present-time subjunctive of the following verb forms.
   a. ich bin   d. wir sind
   b. du hast   e. sie hat
   c. ich weiß   f. wir wissen

G 1. What are conditions contrary to fact?
2. Restate as conditions contrary to fact. Use the **würde**-construction in the conclusion and the subjunctive forms of **sein** or **haben** in the **wenn**-clause.
   a. Lara kommt sicher, wenn sie wieder gesund ist.
   b. Wenn ich Geld habe, gehe ich ins Konzert.

H 1. How is the present-time subjunctive of modals formed?
2. Give the subjunctive of the following verb forms.
   a. ich muss   b. du kannst

I 1. In addition to the subjunctive forms of **sein, haben, wissen,** and the modals, you may encounter other verbs in the subjunctive. You will have no trouble recognizing such verbs. What tense are the subjunctive forms based upon?
2. Give the infinitive of the following verbs:
   a. du fändest
   b. ich täte
   c. er ginge

J Construct sentences using the guidelines.
1. Wenn Sarah mehr Geld hätte, sie / mitkommen / auf die Reise (*use* **würde**)
2. Ich wollte, sie (*sg.*) / haben / mehr / Geld (*present-time subj.*)
3. du / können / ihr / Geld / leihen / ? (*present-time subj.*)
4. ich / tun / das / nicht (*use* **würde**)
5. sie / zurückzahlen / es / vielleicht / nicht (*use* **würde**)

K 1. How is the past-time subjunctive formed?
2. Restate the following sentences in the past-time subjunctive.
   a. Wenn ich in der Schweiz bleibe, kaufe ich mir ein Snowboard.
   b. Fährst du dann jedes Wochenende in die Berge?

Kapitel 12

A You have just arrived by train in Hamburg and want first of all to go to the famous gardens **Planten un Blomen.** The person you have asked for directions is very cooperative but speaks too fast and not always distinctly. How would you indicate you don't understand? Give three expressions.

B 1. What function does a relative pronoun serve?
2. Where does the finite verb come in a relative clause?

C 1. With what forms are most of the relative pronoun forms identical?
2. Dative plural and genitive forms are exceptions. The genitive forms are **dessen** and **deren.** What is the relative pronoun in dative plural?

D 1. How do you decide the gender and number of the relative pronoun you use?
2. How do you decide what case of a relative pronoun to use?
3. What case does a relative pronoun have when it follows a particular preposition?

E Complete the following sentences with a relative pronoun.
1. Ist das die Frau, von _____ du gerade erzählt hast?
2. Die Frau, _____ dir schon so lange gefällt?
3. Der Mann, mit _____ sie spricht, ist aber sicher ihr Freund.
4. Findest du denn die Leute, mit _____ sie ausgeht, sympathisch?
5. Ich kenne das Restaurant, in _____ sie oft gehen.
6. Und die Bars, in _____ sie oft feiern.
7. Das sind Bars, _____ dir nicht gefallen würden.

F 1. What is the role of the subject of a sentence in active voice?
2. What is the role of the subject in passive voice?

G 1. How is passive voice formed in German?
2. Construct sentences using the guidelines.
   a. Haus / verkaufen (passive, simple past)
   b. Geld / teilen (passive, simple past)
   c. Fabrik / modernisieren (passive, present)
   d. neue Maschinen / kaufen (passive, present)

H 1. In English, the agent in the passive voice is the object of the preposition by: *The work was done by our neighbors.* How is the agent expressed in German?
2. Complete the following sentences.
   a. Das Museum wurde _____ dem Architekten Sterling gebaut.
   b. Die Arbeit wurde _____ unseren Nachbarn gemacht.

I 1. What are three uses of **werden?**
2. Identify the use of **werden:**
   a. Eine Reise nach Dresden wurde geplant.
   b. Es wird endlich wärmer.
   c. Jens wird an seine Freundin schreiben.

Answer Key to Self-Tests

Einführung

A 1. Wie heißt du [heißen Sie]?
2. Wie alt bist du [sind Sie]?
3. Wie ist deine [Ihre] Adresse?
4. Wie ist deine [Ihre] Telefonnummer?
5. Wie ist deine [Ihre] E-Mail-Adresse?

B 1. danke 2. bitte

C 1. a. Guten Morgen!
   b. Guten Tag!
   c. Guten Abend!
2. *Possible greetings:* Hallo! / Grüß dich!
3. Auf Wiedersehen! / Tschüss. / Bis bald [dann].
4. *Possible answers:*
   Positive: Gut, danke. / Danke, ganz gut. / Fantastisch.
   Negative: Nicht so gut. / Schlecht. / Miserabel. / Ich bin krank.

D 1. *Answers will vary. Possible answers:*
   blau, gelb, grau, grün, rot, schwarz, weiß
2. Welche Farbe hat die Wand?

E 1. By the article and the pronoun that refer to the noun.
2. a. *masculine,* der Bleistift
   b. *feminine,* die Tür
   c. *neuter,* das Bett
   d. *feminine,* die Frau
   e. *masculine,* der Mann
3. a. Der   d. der
   b. Das   e. das
   c. Die   f. Die

4. a. ein   d. eine
   b. eine   e. eine
   c. ein   f. ein

F 1. er   3. sie   5. sie
2. es   4. er   6. es

Kapitel 1

A *Answers will vary. Possible answers:*
1. Ja. / Natürlich.
2. Nein. / Natürlich nicht.
3. Ich glaube ja [nicht]. / Vielleicht [nicht].

B 1. Montag, Dienstag, Mittwoch, Donnerstag, Freitag, Samstag [Sonnabend], Sonntag
2. Welcher Tag ist heute?
3. Heute ist Donnerstag.

C 1. a. Wie viel Uhr ist es? / Wie spät ist es?
   b. Ich gehe um ein Uhr. / Ich gehe um eins.
2. a. Viertel nach zwei   c. halb sieben
   b. Viertel vor vier
3. Official time uses a 24-hour clock.

D 1. fleißig   4. lustig
2. unfreundlich   5. unsympathisch
3. glücklich

E 1. du, ihr, Sie
2. a. Sie   c. du
   b. ihr   d. du
3. a. er   c. wir   e. sie
   b. sie   d. ich
4. By the verb: **sie** + singular verb = *she;*
   sie + plural verb = *they*
5. a. Sie spielt gut Tennis.
   b. Sie spielen gut Tennis.

1. a. ich bin   d. sie sind
   b. wir sind   e. du bist; ihr seid; Sie sind
   c. sie ist

C 1. the infinitive
2. -en
3. a. glauben   b. wandern   c. arbeiten
4. a. glaub-   b. wander-   c. arbeit-
5. a. -st   d. -en   f. -t
   b. -t   e. -t   g. -en
   c. -e
6. a. Spielst   e. schwimmen
   b. höre   f. heißt
   c. arbeitet   g. heißt
   d. wandert

H 1. Ich gehe heute Abend ins Kino.
2. Jens arbeitet heute Abend am Computer.

I 1. Use **gern** + verb.
2. a. Sophia spielt gern Schach.
   b. Ich wandere gern.
   c. Wir treiben gern Sport.

J 1. a. before predicate adjectives: Lea ist **nicht freundlich.**
   b. after specific time expressions: Moritz kommt **heute nicht.**
   c. before most other adverbs, including general time adverbs: David spielt **nicht gut** Schach.
   d. before dependent infinitives: Wir gehen heute **nicht wandern.**
2. a. Wir schwimmen nicht gern.
   b. Simon wandert nicht viel.
   c. Ich gehe nicht joggen.
   d. Wir arbeiten morgen nicht.
   e. Jennifer ist nicht nett.
   f. Justin ist nicht oft krank.

K 1. the interrogative expression
2. The verb comes second, after the interrogative. The subject comes after the verb.
3. wann, warum, was, wer, wie, wie viel, welch-, was für ein
4. a. Wer spielt gut Fußball?
   b. Was spielt Antonia gern?
   c. Wann gehen wir ins Kino?

L 1. the verb
2. a. Spielt Jasmin oft Fußball?
   b. Arbeitet Florian viel?
   c. Spielst du gut Schach?

Kapitel 2

A *Answers will vary. Possible answers:* Wirklich? / Glaubst du? / Vielleicht. / Hoffentlich.

B Januar, Februar, März, April, Mai, Juni, Juli, August, September, Oktober, November, Dezember

C 1. *neuter* (das)
2. die Schweiz, die Slowakei, die Tschechische Republik, die Türkei; die USA, die Niederlande

D 1. die Studentin
2. die Schweizerin
3. die Nachbarin

E 1. Ich war auch gestern müde.
2. Annika war auch gestern krank.
3. Du warst auch gestern ruhig.
4. Luca und Jan waren auch gestern müde.

F 1. Wann hast du Geburtstag?
2. Wann hat Pascal Geburtstag?
3. Wann habt ihr Geburtstag?
4. Wann haben Celine und Jana Geburtstag?

G 1. second position
2. a. Am Sonntag war das Wetter nicht gut.
   b. Hoffentlich scheint die Sonne morgen. / Hoffentlich scheint morgen die Sonne.

H 1. the nominative case
2. sein; heißen
3. a. *subject* = das Wetter
   b. *subject* = Dominik Schmidt; *pred. noun* = Schweizer
   c. *subject* = Pascals Freundin; *pred. noun* = Nina

I 1. die
2. a. die Fenster   d. die Uhren
   b. die Tische   e. die Stühle
   c. die Bücher   f. die Studentinnen

J
1. ein
2. eine
3. a. ein; ein   b. eine   c. ein

K
1. kein
2. nicht
3. a. kein   b. nicht   c. keine

L
1. a. dein Handy
   b. ihre Stadt
   c. ihre Freunde
   d. unser Land
   e. meine Adresse
2. a. Jens' Gitarre / die Gitarre von Jens
   b. Pias Rucksack / der Rucksack von Pia

M
1. Ja, er ist neu.
2. Ja, er ist praktisch.
3. Ja, es ist drei Jahre alt.
4. Ja, sie arbeitet heute Abend.
5. Ja, sie wandern gern.
6. Ja, ich weiß, wie alt er ist.

Kapitel 3

A *Answers will vary. Possible answers:*
1. Ja, gerne. / Natürlich. / Machen wir.
2. Das geht leider nicht. / Nein, tut mir leid,
   das geht nicht.
3. Vielleicht. / Ja, schon.

B
1. Doch!
2. Doch!

C *Answers may vary.*
1. Frühstück: Brötchen, Butter, Marmelade,
   Müsli, Eier, Kaffee, Tee
2. Mittagessen: Fisch, Gemüse, Fleisch,
   Kartoffeln, Salat, Obst, Eis, Pudding
3. Abendessen: Käse, Brot, Wurst, Würstchen,
   Bier, Mineralwasser, Tee, Wein

D
1. die Bäckerei
2. die Metzgerei
3. die Apotheke
4. die Buchhandlung

E
1. the last noun
2. a. die Tischlampe
   b. der Kartoffelsalat

F
1. a. wissen   b. kennen
2. a. Kennst   b. weiß   c. Weißt

G
1. **du-** and **er/es/sie**-forms
2. a. nimmst   c. isst   e. gibt
   b. nehme   d. essen   f. Gibst

H
1. Time follows place in English. Time
   precedes place in German.
2. Wann kommst du heute Abend nach
   Hause?

I
1. the imperative
2. first position
3. a. Gib   c. Bleiben Sie
   b. Kommt   d. Sei

J
1. a. nominative case   b. accusative case
2. a. mein   c. eure
   b. ihren   d. deine
3. a. den Jungen   b. den Nachbarn
4. durch, für, gegen, ohne, um
5. a. Der Kuchen   f. einen Stuhl
   b. den Kuchen   g. Wen
   c. ihre Stadt   h. den Studenten
   d. seinen Professor   i. keinen
   e. kein Brot   Supermarkt
6. a. ihn   c. sie   e. uns
   b. mich   d. dich   f. euch
7. a. ihn   b. es   c. ihn

Kapitel 4

A *Answers will vary. Possible answers:*
Das geht leider nicht. / Leider kann ich jetzt
nicht. / Ich kann leider nicht. / Nein, es tut
mir leid. / Nein, leider nicht.

B *Answers will vary. Possible answers:*
Ich bereite mein Referat vor. / Ich schreibe
meine Seminararbeit. / Ich mache Deutsch. /
Ich lese einen Artikel über … / Ich arbeite für
die Klausur.

C
1. Alex ist Amerikaner.
2. Sein Vater ist Ingenieur.
3. Seine Schwester ist Studentin.

D *Answers will vary.* Ich habe einen Bruder, eine Schwester, zwei Tanten, einen Onkel, vier Kusinen, einen Cousin, vier Großeltern, usw.

1. **lesen** and **sehen** change **e** to **ie**; **werden** changes **e** to **i**
2. ich werde, du wirst, er/es/sie wird
3. a. liest   c. wird
   b. Siehst   d. wirst

1. **Fahren** and **halten** change **a** to **ä** for **du**- and **er/es/sie**-forms.
2. a. fährt   b. Fährst   c. hältst

G 1. Florian hatte auch gestern keine Zeit.
2. Und du hattest auch gestern keine Zeit.

1. the same as the definite articles
2. **jeder**; it means *each, every*
3. **manche, solche**; **manche** means *some*, **solche** means *such*
4. a. Dieser   c. manche   e. Jedes
   b. Welchen   d. Solche

1. modal auxiliary
2. a. wollen   d. dürfen
   b. sollen   e. können
   c. müssen   f. mögen

1. **ich**- and **er/es/sie**-forms
2. a stem-vowel change
3. a. kann   d. sollen
   b. darf   e. will
   c. musst   f. mag

1. Magst
2. möchte

1. in last position
2. a. Musst du heute arbeiten?
   b. Ich kann es nicht machen.
   c. Jennifer will etwas sagen.
3. If a verb of motion or the idea of *to do* is clear from the context.
4. a. Kannst (*or*) Magst
   b. muss (*or*) soll (*or*) will (*or*) möchte

M 1. The separable-prefix verbs are **fernsehen, einkaufen, mitbringen.**
2. in last position
3. a. Kaufst du morgen ein?
   b. Ja, ich muss das Abendessen vorbereiten.
   c. Siehst du heute Abend fern?
   d. Nein, ich soll meine Notizen durcharbeiten.

Kapitel 5

A *Answers will vary. Possible answers:* Ja sicher. / Klar. / Kein Problem. / Ja, klar. / Ja, natürlich.

B *Answers will vary:* Ich möchte wandern, viel schwimmen, Tennis spielen, schlafen, usw.

C 1. wo; wohin
2. a. Wo   b. Wohin

D *Private:* das Auto/der Wagen, das Fahrrad/das Rad, das Motorrad
Public: der Bus, die Bahn/der Zug, das Flugzeug, das Schiff, die Straßenbahn, die U-Bahn

E 1. **au** to **äu** for **du**- and **er/es/sie**-forms
2. a. Läufst   b. laufe

F 1. aber, denn, doch, oder, sondern, und
2. sondern
3. aber
4. no
5. a. Julian bleibt heute zu Hause, denn er ist krank.
   b. Er geht morgen nicht schwimmen, sondern er spielt Tennis.
   c. Er spielt Tennis nicht gut, aber er spielt gern.

G 1. in last position
2. a. Wir können nicht fahren, weil unser Auto kaputt ist.
   b. Wenn es morgen regnet, müssen wir zu Hause bleiben.
3. a. Luisa sagt, dass die Nachbarn oft im Supermarkt einkaufen.
   b. Doch sie findet, dass das Obst da nicht so frisch ist.

H 1. dative
2. seiner Schwester
3. a. der Frau d. den Bergen
   b. dem Mann e. dem Studenten
   c. dem Auto
4. a. den Kindern
   b. einen DVD-Player
   c. seiner Schwester

I
	acc.	dat.
1.	mich	mir
2.	ihn	ihm
3.	dich	dir
4.	uns	uns
5.	sie	ihr
6.	Sie	Ihnen

J 1. Kaufst du mir dieses Buch?
2. Ich schreibe meinen Freunden viele E-Mails.
3. Ich schenke ihn meinem Bruder.

K 1. antworten, danken, gefallen, glauben, helfen
2. aus, mit, nach, seit, von, zu
3. a. einer Familie d. mir
   b. dem Zug e. seinen Freunden
   c. ihm f. einen CD-Player

Kapitel 6

A *Answers will vary. Possible answers:*
Entschuldigung. / Verzeihung. / Es tut mir leid, aber ... / Das wollte ich nicht. / Das habe ich nicht so gemeint.

B *Answers will vary. Possible answers:*
faulenzen, schwimmen, Ski laufen, Wasserski fahren, windsurfen, wandern, joggen, Rad fahren, tanzen, lesen, Sport treiben, Fußball/ Tennis im Fernsehen sehen, im Internet chatten, Musik hören

C 1. der Handschuh, der Hut, der Pulli, der Stiefel, der Regenmantel, der Schuh, der Sportschuh, das T-Shirt, die Hose, die Jacke, die Jeans, die Shorts, die Socke, die Kappe
2. der Rock, das Kleid, die Bluse, die Strumpfhose

D 1. To refer to past actions or states.
2. It is used especially in conversation.

E 1. an auxiliary and the past participle of the verb
2. haben
3. sein
4. The verb must (1) be intransitive and (2) indicate change of condition or motion to or from a place.
5. bleiben; sein
6. a. hat c. sind e. Seid
   b. Bist d. haben f. habe

F 1. -t
2. adds -et instead of -t
3. There is a stem-vowel change and sometimes a consonant change: **gebracht**
4. gebracht, gekostet, gemacht, gedacht, gehabt, gekannt, geregnet, gewandert, gewusst, getanzt

G 1. -en
2. Many past participles have a stem-vowel change; some also have consonant changes.
3. gefunden, gegeben, gelesen, genommen, geschlafen, geschrieben, getrunken, getan

H 1. The prefix **ge-** comes between the prefix and the stem of the past participle: **eingekauft.**
2. aufgestanden, eingeladen, mitgebracht

I 1. It adds no **ge-** prefix.
2. verbs ending in **-ieren**
3. a. Ich habe das Essen bezahlt.
   b. Wir haben Marcel die Geschichte erzählt.
   c. Der Film hat ihm nicht gefallen.
   d. Wann hast du mit der Arbeit begonnen?
   e. Jana hat in Bonn studiert.
   f. Der Roman hat mich nicht interessiert.

J 1. in final position
2. The auxiliary follows the past participle and is in final position.
3. a. Ich bin spät aufgestanden, denn ich habe bis elf gearbeitet.
   b. Ich habe keine E-Mails geschrieben, weil ich keine Zeit gehabt habe.

K 1. Nils und ich haben Urlaub in Österreich gemacht.
2. Wir haben in einem kleinen Hotel gewohnt.
3. Morgens sind wir ziemlich spät aufgestanden.
4. Und wir haben oft in der Sonne gelegen.
5. Wir sind auch manchmal im See geschwommen.
6. Danach sind wir meistens wandern gegangen.
7. Alles hat uns sehr gut gefallen.
8. Am Sonntag sind wir mit dem Zug nach Wien gefahren.
9. Dort sind wir bis Dienstag geblieben.
10. Am Mittwoch sind wir dann nach Berlin zurückgeflogen.

Kapitel 7

A *Answers will vary. Possible answers:*
Agreement: Richtig. / Du hast recht. / Das finde ich auch.
Disagreement: Wirklich? / Meinst du? / Das finde ich gar nicht. / Ich sehe das ganz anders.

B *Answers will vary. Possible answers:*
Ich mache die Wohnung sauber. / Ich räume auf. / Ich wische Staub. / Ich wasche die Wäsche. / Ich sauge Staub. / Ich putze das Bad.

C 1. *Wohnzimmer:* das Sofa, der Couchtisch, der Sessel, der Schreibtisch, der Teppich, der Fernseher, der DVD-Player
2. *Schlafzimmer:* das Bett, die Kommode, der Spiegel, der Nachttisch, die Lampe
3. *Küche:* der Herd, der Kühlschrank, die Spülmaschine, der Tisch, der Stuhl

D 1. **Her** indicates direction toward the speaker; **hin** indicates direction away from the speaker.
2. last position
3. a. Wo   d. hin
   b. Woher   e. her
   c. Wohin

E 1. a. *accusative:* durch, für, gegen, ohne
   b. *dative:* aus, bei, nach, seit, von, zu
   c. *two-way prepositions:* an, auf, hinter, in, neben, über, unter, vor, zwischen
2. a. ans, am
   b. ins, im

F 1. Ich fahre in die Stadt.
2. Wir gehen auf den Markt.
3. Jana studiert an der Universität Hamburg.
4. Alex arbeitet in einer Buchhandlung.
5. Warum steht der Tisch zwischen den Stühlen?
6. Warum sitzt du an dem [am] Tisch in der Ecke?

G 1. stellt   5. sitzt
2. steht   6. legt
3. hängt   7. liegt
4. setzt   8. steckt

H 1. an
2. über
3. mit

I 1. accusative
2. dative
3. a. einen Tag   c. jeden Abend
   b. einem Jahr   d. einer Woche

J 1. **da**-compound
2. **wo**-compound
3. When the preposition begins with a vowel.
4. a. davon
   b. für sie
5. a. Mit wem
   b. Worüber

K 1. with the question word
2. with **ob**
3. a. Paul fragt Jessica, ob sie morgen zur Uni fährt.
   b. Jessica fragt Paul, wann er zu Mittag isst.

Kapitel 8

A *Answers will vary. Possible answers:*
Was meinst du? / Was glaubst du? / Wie siehst du das? / Was hältst du davon?

B
1. Studium, Student, Studentin, Studentenheim
2. sonnig, die Sonnenbrille, Sonntag, Sonnabend
3. Bäcker, Bäckerin, Bäckerei

C
1. die Krankheit
2. die Freundlichkeit
3. die Freiheit

D
1. present tense
2. Ich rufe dich heute Abend an.

E
1. When it is not clear from the context that the event will occur in the future, or to express an assumption or an intention.
2. a. form of **werden** plus an infinitive
3. final position
4. the auxiliary (**werden**), just after the infinitive
5. a. Hannah wird uns helfen.
   b. Wirst du das wirklich machen?
   c. Michael sagt, dass er einen neuen Job suchen wird.

F
1. Meine Eltern werden wohl [schon/sicher] zu Hause sein.
2. Ich werde wohl [schon/sicher] mein Handy wiederfinden.

G
1. genitive
2. The genitive follows the noun it modifies.
3. a. des Bildes   d. eines Hauses
   b. dieses Ladens   e. ihres Bruders
   c. des Jungen
4. a. der Frau   c. dieser Kinder
   b. einer Ausländerin   d. meiner Eltern
5. wessen
6. Wessen Rucksack liegt da in der Ecke?

H
(an)statt, trotz, während, wegen

I
1. meiner Freundin Sarah
2. ihres Freundes
3. eu[e]res Urlaubs
4. des Hotels
5. der Zimmer
6. des Wetters

J
1. langweilig   4. Große
2. nette   5. sympathisch
3. schönes   6. interessante

7. gute   10. viel
8. kleinen   11. teuer
9. neuen   12. billigen

K
1. By adding **-t** to the numbers (exceptions: **erst-, dritt-, siebt-, acht-**)
2. a. erst-   c. fünft-
   b. dritt-   d. sechzehnt-
3. **-st** is added.
4. a. einunddreißigst-
   b. hundertst-
5. a. siebten
   b. zweites

L
1. Der Wievielte ist heute? / Den Wievielten haben wir heute?
2. Heute ist der erste Juni. / Heute haben wir den ersten Juni.
3. den 6. Juli 2010 / 6.7.10

Kapitel 9

A *Answers will vary. Possible answers:*
Du Armer/Du Arme! / Das ist ja dumm. / Das tut mir aber leid für dich. / Dass dir das passieren musste!

B
1. etwas Gutes
2. nichts Besonderes
3. ein guter Bekannter
4. eine Deutsche

C
1. mich, mir
2. dich, dir
3. sich, sich
4. uns, uns
5. sich, sich

D
1. Fühlst du dich heute besser?
2. Charlotte hat sich gestern erkältet.

E
1. die
2. die

F *Answers will vary. Possible answers:*
Ich dusche [mich]. / Ich bade. / Ich putze mir die Zähne. / Ich rasiere mich. / Ich wasche mir Gesicht und Hände. / Ich kämme mich. / Ich föhne mir die Haare.

C
1. zu
2. when used with modals
3. **um ... zu** + infinitive
4. a. Es macht Spaß *in den Bergen zu wandern.*
   b. Ich möchte mir *eine neue CD kaufen.*
   c. Vergiss nicht *Blumen mitzubringen.*
   d. Ich beginne deine *Ideen zu verstehen.*
   e. Ich bleibe heute zu Hause, *um meine Arbeit zu machen.*

H
1. **-er** is added to the base form.
2. The vowel **a, o,** or **u** adds umlaut.
3. a. kälter
   b. teurer
   c. größeren, schöneren

I
1. **-st** is added to the base form.
2. **-est**
3. The vowel **a, o,** or **u** adds umlaut.
4. am + (e)sten
5. a. am teuersten   c. schönster
   b. am schwersten   d. kälteste

J
1. lieber, am liebsten
2. besser, am besten
3. mehr, am meisten

Kapitel 10

A *Answers will vary. Possible answers:*
Ich weiß wirklich nicht, wie ich das machen soll. / Ich will ja, aber es geht nicht. / Das geht (aber) nicht. / Ich kann nicht.

B *Answers will vary. Possible answers:*
Ich war im Theater [Kino, Konzert]. / Ich war in der Kneipe [Disco, Bibliothek]. / Ich war zu Hause.

C
1. *Answers will vary. Possible answers:*
   Hast [Hättest] du Lust ins Kino [Theater, Konzert] zu gehen? / Möchtest du ins Kino [Theater, Konzert] gehen?
2. *Answers will vary. Possible answers:*
   Ja, gern. / Wenn du mich einlädst, schon. / Nein, ich habe [wirklich] keine Lust. / Nein, ich habe [leider] keine Zeit.

D
1. to narrate a series of connected events in the past; often called narrative past
2. in a two-way exchange to talk about events in the past; often called conversational past
3. modals, **sein, haben**

E
1. **-te**
2. They lose the umlaut.
3. a. ich durfte   c. sie musste
   b. du konntest   d. wir mochten

F
1. **-te**
2. **-ete**
3. **ich-** and **er/es/sie**-forms
4. a. ich spielte   c. es regnete
   b. Justin arbeitete d. sie sagten

G
1. Sicher dachte Sophie nicht an Toms Geburtstag.
2. Doch Paul wusste, dass Tom Geburtstag hatte.
3. Und er brachte ihm ein Geschenk mit.

H
1. They undergo a stem change.
2. **ich-** and **er/es/sie**-forms
3. a. er sprach   f. ich war
   b. sie sah   g. sie ging
   c. ich gab   h. sie gingen
   d. wir blieben   i. ich lief
   e. er fuhr   j. er trug

I
1. Lea ging noch ins Kino. Lea ist noch ins Kino gegangen.
2. Doch Tobias schrieb an seiner Seminararbeit. Doch Tobias hat an seiner Seminararbeit geschrieben.

J
1. ich wurde
2. du wurdest
3. er/es/sie wurde

K
1. in final position
2. a. Ich stand heute früh auf.
   b. Wir kauften in der Stadt ein.
   c. Unsere Party fing um acht Uhr an.
   d. Lukas brachte die Getränke mit.

L
1. It is used to report an event or action that took place before another event or action in the past.

2. It consists of the simple past of the auxiliaries **haben** or **sein** and the past participle of the verb.
3. a. Ich habe gut geschlafen, weil ich 20 Kilometer **gelaufen war.**
   b. Nachdem es den ganzen Tag **geregnet hatte,** schien die Sonne am Abend.

M 1. wann
2. wenn
3. wenn
4. als
5. a. wenn   c. wenn
   b. als   d. wann

Kapitel 11

A *Answers will vary. Possible answers:*
Das wäre schön. / Wenn ich nur genug Geld hätte! / Wenn ich nur Zeit hätte. / Das würde ich gern machen. / Das würde Spaß machen. / Dazu hätte ich große [keine] Lust.

B *Answers will vary. Possible answers:*
Es tut mir leid. Sie/Er ist im Moment beschäftigt [nicht zu sprechen]. Sie/Er telefoniert gerade. / Sie/Er hat einen Termin. / Gehen Sie bitte gleich hinein. Sie/Er erwartet Sie.

C 1. der Arzt/die Ärztin
2. der Informatiker/die Informatikerin
3. der Architekt/die Architektin
4. der Zahnarzt/die Zahnärztin

D 1. a. unreal situations
   b. hypothetical statements (conditions contrary to fact), wishes, polite requests
2. Jennifer würde auch gern viel faulenzen.
3. Wenn die Sonne nur scheinen würde.
4. Würdest du noch eine Stunde bleiben?

E **sein, haben, wissen,** and the modals

F 1. wäre
2. hätte
3. wüsste

4. a. ich wäre   d. wir wären
   b. du hättest   e. sie hätte
   c. ich wüsste   f. wir wüssten

G 1. A sentence with a condition contrary to fact indicates a situation that will not take place and the speaker only speculates on how some things could or would be under certain conditions.
2. a. Lara würde sicher kommen, wenn sie wieder gesund wäre.
   b. Wenn ich Geld hätte, würde ich ins Konzert gehen.

H 1. The subjunctive of modals is identical to the simple past, except that where there is an umlaut in the infinitive there is also an umlaut in the subjunctive (**wollen** and **sollen** do not have an umlaut).
2. a. ich müsste
   b. du könntest

I 1. the simple past tense
2. a. finden
   b. tun
   c. gehen

J 1. Wenn Sarah mehr Geld hätte, würde sie auf die Reise mitkommen.
2. Ich wollte, sie hätte mehr Geld.
3. Könntest du ihr Geld leihen?
4. Ich würde das nicht tun.
5. Sie würde es vielleicht nicht zurückzahlen.

K 1. It consists of the subjunctive forms **hätte** or **wäre** + a past participle.
2. a. Wenn ich in der Schweiz geblieben wäre, hätte ich mir ein Snowboard gekauft.
   b. Wär(e)st du dann jedes Wochenende in die Berge gefahren?

Kapitel 12

A *Answers will vary. Possible answers:*
Entschuldigung, was haben Sie gesagt? / Ich verstehe Sie leider nicht. / Ich habe Sie leider nicht verstanden. / Könnten Sie das bitte wiederholen? / Würden Sie bitte langsamer sprechen? / Ich kenne das Wort ... nicht.

B 1. It introduces a relative clause. It refers back to a noun or pronoun in the preceding clause.

2. in final position (The auxiliary follows the infinitive or the past participle.)

C 1. Most forms are identical with the definite article forms.

2. denen

D 1. It depends on the gender and number of the noun to which it refers, its antecedent.

2. It depends on the relative pronoun's grammatical function in the clause (subject, direct object, etc.).

3. It depends on what case that preposition takes.

E 1. der   5. das
   2. die   6. denen
   3. dem   7. die
   4. denen

F 1. The subject is the agent and performs the action expressed by the verb.

2. The subject is acted upon by an expressed or unexpressed agent.

G 1. a. It consists of a form of the auxiliary **werden** + past participle of the main verb.

2. a. Das Haus wurde verkauft.
   b. Das Geld wurde geteilt.
   c. Die Fabrik wird modernisiert.
   d. Neue Maschinen werden gekauft.

H 1. It is the object of the preposition **von.**

2. a. von   b. von

I 1. a. main verb (*to grow, get, become*) in the active voice
   b. auxiliary verb in the future tense (a form of **werden** + dependent infinitive)
   c. auxiliary verb in the passive voice (a form of **werden** + past participle)

2. a. passive voice, simple past tense
   b. active voice—main verb, present tense
   c. active voice—auxiliary verb, future tense